朝の余白で人生を変える

池田千恵

はじめに

この本では、一般的にはあわただしく、忙しいと思われがちな朝に、あえて自分のために上質な時間をとり、自らのあり方を整えることを「朝の余白」と名づけました。

最近は、ニュースを知りたいときに、紙の新聞で読むよりも、ネットでパッと目についたタイトルをクリックし、記事ごとに細切れで読む人が多いのではないでしょうか。ドラマや映画を定額制で時間を気にせず見放題できるサービスもありますし、番組を録画したうえでCMを飛ばす機能がついているテレビもあります。

目的をもって調べよう、必要な情報が必要なだけほしい、という意欲がある場合は、いまほどよい時代はないでしょう。

でも、こうしてネットやデジタルの恩恵を享受しながらも、私はときどきむしょうに、一見「無駄」だと思えるようなことをしたくなります。目についた雑誌を手に取ってなんとなく眺めたり、いつもは経済記事だけをピックアップして読む新聞を、社会面から読みはじめたり、ネット書店ではなくて本屋さんで、意味なくぶらぶらしたりしたくなるのです。

あえて探そう、求めようとしないで、目に入った情報を受け止めたい、という衝動にかられます。「これ！とは決まっていないけど、何かを見つけたい！」「宝探しみたいな感覚を楽しみたい！」と思うのです。

なぜかな？と考えたときに思いあたったのは、人はいつも明確な目的をもって行動するわけではない、ということでした。

つまり、「検索窓」に入れることができない、ぼんやりした感覚があると思うのです。言語化されていないこうした感覚は、ぶらぶらお店をながめたり、より道したり、雑誌を読んだり、人と話したりすることで、徐々に浮かびあがるものです。

私たちはふだん「あれもこれも」を追求し、なんでも効率化することに夢中です。しかし、効率的にてきぱきと情報を摂取しているようにみえて、振り返ってみると何も覚えていなかったり、いつのまにか、「手段」と「目的」をはきちがえて、間違った方向に進んでいたり――ということも往々にしてあるのではないでしょうか。

人工知能（AI）の発達により、20年後には労働人口の49％がロボットに代替されるともいわれています。明確な目的をもってものごとを処理する能力は、私たち人間よりも、はるかにAIのほうがいい仕事をしてくれそうです。そんな時代に、人間がもっているものとは何か。

それは、一見無駄だと思うことから価値を見いだす力なのではないでしょうか。

私は、本来の自分自身の感覚を取りもどす手段として、「朝の余白」がいままで以上にたいせつになってくるのではないかと考えています。

朝は、自分さえ早く起きることができれば、周囲の邪魔も入らず、ひとり静かに自分と向き合うことができます。

周囲の情報をインプットすることに心をとらわれずに、自らわきあがる「検索窓」に入れられない気持ちを、朝の時間で見つけてみませんか？

本書は、朝専用手帳『朝活手帳』にて7年にわたり掲載された歴代のコラムをベースに、大幅に加筆修正をしたものです。テーマが「余白」ということで、リラックスしながら、気が向いたページを開いて、どこから読みはじめても楽しめるようにしています。そのため、記述には若干の重複があることをご了承ください

もくじ

はじめに……3

序章　なぜ、朝の余白が必要なのか……13

朝いちばんの気持ちが1日を左右する／「朝、イコール効率的」ではない。朝こそぼーっとしよう／朝イチの時間で、心と身体をチューニングしよう／スキマがないと、新しいものは入ってこない／スキルアップの強迫観念から自分を解放しよう／夜ほっとするより、朝先取りしてほっとする／朝の余白が、頭や心のコリをほぐす／最後の追い込みより、最初の仕込み／手帳で時間を整え、余白をつくろう／早起きしようと思える明日があるって素晴らしい

第1章　人生に余白をつくる……43

毎朝、頭を「棚卸し」して在庫整理をしていこう／モヤモヤ整理の具体的方法／余白たっぷりのノートをひらめきツールにしよう／夜クヨクヨしそうになったら、

さっさと寝て朝クヨクヨする／クヨクヨしそうになったら「どうしてクヨクヨしているのか」を上からながめてみる／夜と朝に「よかった探し」をサンドイッチする／昼や夜にやっていることを朝にもってくるとおもしろい化学反応が生まれる／ときには、仕事といっさい関係ないことをやってみる／夜をもっと楽しみたい！が早起きの理由だっていい／目標はあくまででっかく、大風呂敷を広げて妄想しよう／FakeをMakeに変えるための、具体的分析方法／つらいことも、自分をヒーロー（ヒロイン）だと思えば楽しくなる／「Fake it till you make it」な大風呂敷目標の見直しも、朝しよう／失敗は、朝の時間に「上書き保存」しちゃおう／夢の実現に必要なのは「情熱・論理・巻き込み力」

第2章

身体に余白をつくる……85

早起きで、地球と自分のリズムを合わせていこう／森林浴はなかなかできなくても、朝日浴なら毎日できる／太陽の光を自分に取り込む、元気が出てくる超簡単な習慣／手帳を使って、身体のリズムをあらためて見つめ直そう／朝時間でココロを超回復させよう／日が短くなったほうが、早起きしたぞ！の実感が得やすい／整体で気づいた、朝イチの姿勢シャキ！の効果／夜とはまた違った風情が楽しめる早朝月見のすすめ／朝イチのよい言葉は、１日を楽しくすごせるポイント／

コンプレックスは隠すより活かす！　朝見える欠点をどう活かせるか考えよう／早起きをすると空腹になる……上手な小腹の満たし方／毎朝自分が生まれ変わっていると思えば、健康習慣も続けられる

第3章

仕事に余白をつくる……117

残業体質の会社でも余白をつくるのをあきらめない／「自分締め切り日」をつくって、宣言しよう／朝を「俯瞰」の時間にしよう／気持ちが乗らないときは、細々した事務作業を朝終わらせてリズムをつくる／予定が決まった順に、機械的にスケジュールを埋めない／夜の楽しい余白のためにデッドラインを逆算する／ただ早起きしているだけで、勝手に信頼がついてくる／余白は「30分前行動」でつくれる／朝の社内交流が会社の雰囲気を変える／「なぜ」を自分に問うことで「ゆでガエル」を阻止する／いま「大好きなこと」を自由にできている人が、そうなる前にしていたこと／「やり残し」は、「戦略的先送り」と言い換えて棚卸しする／「戦略的先送り」ができれば、「望んだ夜更かし」と「望まない夜更かし」の区別ができる

第4章　勉強に余白をつくる……153

心から手に入れたいと思ったら、あれも！これも！を卒業する／資格マニアだっていいじゃない／資格勉強をする目的を、朝の時間で洗い出そう／勉強を続けたことによる「サンクコストの罠」に気をつける／朝は暗記モノの詰め込み作業は避ける／モチベーション維持のコツは1週間単位で区切ること／早朝読書で、かろやかに行動してみよう／本番でいつも緊張しすぎる人への魔法の言葉／浪人という「人生の余白」で得たかけがえのない言葉たち

第5章　人間関係に余白をつくる……183

デジタル全盛だからこそ、人とじゃなくて自分とつながる／アクティブに孤独を楽しもう／「ひとり時間」と「みんな時間」——朝と夜の特長を活かし、行動を変える／朝の余白は相手に対する寛容さもはぐくむ／消去法の「やりたい」で、本当の「やりたい」を隠していませんか？／「神様が見ているよ」と思えば、神様が手をさしのべてくれるまでやろう、と思える／飲み会と早起きを両立させるコツとは／勘違い早起きに注意。好かれる早起きキャラを目指す／嫌な気持ちは、見すごさずに、朝見すえる／朝の時間でポジティブ言葉転換リストをつくってみ

よう／ポジティブな言葉をすぐに思いつくようになれるポイント／わかるように伝える練習を、朝してみよう／ネガティブを徹底的に出しきってから、ポジティブを吸い込もう／「おはようは自分から」ゲームで、社内の空気を自分で変える

第6章 家族関係に余白をつくる……225

日常は、立場を変えるだけで非日常になる／家族への感謝の気持ちは、朝イチで言葉にする／親への感謝は、子どもが言っているふりをして伝えると照れくさくない／イライラカリカリの原因はすべて「余白」のなさ／朝時間がなかなか取れない人は「できたらいいな」をリスト化する／思いどおりにいかない朝は、プラン分けですべきことをリスト化しておく／子育てママの時間術のキモは、余白の死守とコミュニケーションの工夫／時短アイデアは「ふせん」を使って考えよう／夏休みの宿題は、最初にやって遊んじゃうタイプのほうがいい／成長は、時間差という「余白」をへてやってくる／「残業しても17時」の世の中をつくりたい

おわりに……260

序章

なぜ、朝の余白が必要なのか

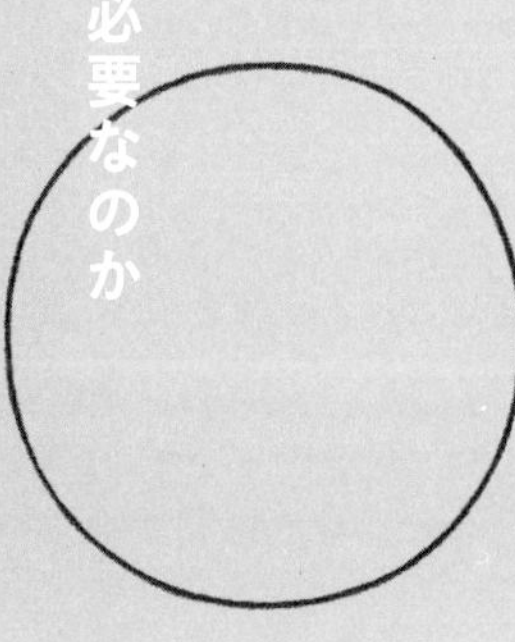

1日のはじまりは、静かに、かつ前向きにものごとを考えられる時間です。いろいろなことが準備できる時間、自分のための時間をつくることができれば、気持ちに余裕が生まれます。

気持ちに余裕が生まれれば、イライラ、カリカリすることも減り、まわりに優しくなれます。思いやりがあって、しかも冷静な、本来のあなたを取り戻すことができるのです。

心がおだやかで冷静だから、その日1日、自信をもって仕事や家事に取り組むことができます。判断にブレが少なくなるから、仕事や家事も効率的に進めることができるでしょう。

こうして満足度が高い1日をすごすことができると、「ああ、今日もいい日だった。ありがとうございます」と感謝の気持ちで眠りにつくことができます。

つまり、1日をしっかりと、地に足をつけてすごすことができるようになるための鍵は「朝の時間の使い方」にあるのです。

がんばってもうまくいかない――。

そう思ってしまう人は、がんばる前の、「考える」時間が足りないのだと、私は考えています。目の前のことを処理するのに一生懸命になってしまい、周囲が見えないまま、とりあえず起きた問題に振りまわされて1日がすぎる。忙しかったはずなのに、夜、自分が今日したことを振り返ると、結局何をしたのか覚えていない。

そんな毎日とは、今日からサヨナラしてしまいましょう！

朝いちばんの気持ちが1日を左右する

朝イチで感じたつまずきや嫌な気持ちは1日を左右してしまいます。

たとえば、朝、寝ぐせがうまく直せないまま時間がなくて出社してしまった日は、1日その寝ぐせが気になってしまい、ほかのことに意識がまわらなくなったりしませんか？　家族と同居している方は、朝ご飯のときにケンカをして、仲直りする時間もないまま家を出てしまったとき、ずっと家族のことが気になってしまいますよね。

急いでいるときやあわてているときは、あとから考えるとどうでもよいこと、たいしたことがないことにとらわれがちです。

急がなきゃ！という思いにとらわれていて、閉まりかけの電車のドアに駆け込んだけれど、その数分を節約して、いいことがあったかかな？　点滅している青信号を見てあわてて横断歩道を渡ったあと、いいことがあったかな？　あとになって振り返ると、汗だくになっただけで、そんなに急がなくてよかったのに、そんなふうに思うことも多いでしょう。

逆に、段取りよく支度ができたときや、朝の電車で座れたときのように、朝いい気分に浸ることができると、そのあとちょっとへこむようなことがあったとしても、「まあいいか」と、なんとなく許せてしまう気がしませんか？

このように、朝の気分が1日を左右してしまうのはどうしてでしょうか？　それは、朝の気分に「余白」があるか、それともないかが、大きく影響しているからです。

早起きをして周囲を見わたす余裕があれば、自然が私たちにもたらしてくれている美しさに感動できるようになります。まわりの状況が見えるので、「自分が、自分が」

と他人を押しのけるような自己中心的な考えは消え、周囲に配慮できるようになります。

忙しくていっぱいいっぱいだった自分を、朝の時間に、上からながめてみるように分析すると、仲間や家族や友だちが、あなたのがんばりをそっと見守っていることに、きっと気づきます。

さまざまな周囲のはからいや思いやりに、感謝の気持ちがわいてくることでしょう。

こうして、朝一番に感謝の気持ちをもつことができると、「日々の出来事には、うれしいことやありがたいことがたくさんあるのだ」と意識が変わります。

優しい気持ちになれるから、そんな自分が好きになり、よりいっそう、まわりにも優しくなれるという好循環が生まれます。仕事にも意欲をもって取り組むことができます。意欲高く取り組むことができれば、当然、結果も変わってきます。

「朝、イコール効率的」ではない。朝こそぼーっとしよう

「朝型の人」という言葉で思い浮かぶイメージは、「効率的にテキパキものごとを進める人だ」というものが多いようです。「なんでも効率的に詰め込んで、あれもこれも要領よくやっていくにはどうしたらいいですか？」と、私もよく聞かれます。

でも私は、べつに朝を効率的にすごすべきだとは考えていません。早起きすれば、時間がたっぷりあります。

あえて非効率だと思うようなことを考える余裕をもつことができますし、いままで「まあいいか」と流していたようなことや、ちょっと心がざわざわするような、気にかかっていたような出来事も、腰をすえてじっくりと考えることができます。だから私は朝の時間が好きなのです。

考えてもみてください。むしろ、朝ぎりぎりに起きる人ほど効率化を考えたほうがいいと思いませんか？　だって、限られた時間のなかで、遅刻せずに朝の準備をしなければいけないのですから。

早起きしたら、効率的にすごさなくても、十分時間があります。だから、早起きする人こそ、あえて一見無駄だと思うことや、いままでちょっとめんどうで考えるのを避けていたことにも挑戦してみてほしいのです。

ものごとに行き詰まったとき、まったく違うことをしてみるとパッとアイデアが思い浮かぶこと、ありますよね？

たとえば、あなたが仕事の企画を考えているときのことを想像してみてください。「よし、これから企画を考えるぞ！」と、パソコンの前でうんうんうなっているときに、はたしてよい企画は生まれるでしょうか。むしろ、企画のことなんてすっかり忘れて、お風呂でぼーっとしているときや、友だちと遊んでいるときに思いついたりしますよね。

もちろん、一生懸命企画を練ることはたいせつですが、根を詰めて、そのことだけを考える以外は何もしない、そんな状況をつくったからといって、よいアイデアが生まれるとは限らないのです。

いつものパターンを繰り返すことをやめ、朝の時間で余白をつくれば、「できない」と思ってあきらめていたことに突破口が見つかるかもしれませんよ。

朝イチの時間で、心と身体をチューニングしよう

朝イチで自分を大事にし、心と身体のメンテナンスをする時間を、私は「セルフチューニング」の時間とよんでいます。

楽器を演奏したことがある方ならご存知かと思いますが、ほとんどの楽器は使う前

に必ずチューニングをしますよね。チューニングは、演奏する前段階で、楽器がもっている能力を最大限発揮できるよう調整する作業。繊細な楽器は、温度や湿度によって状態が左右されるから、いつでも必ず行うものです。私は、この作業は、楽器だけではなく、人間にも必要なことだと考えています。

繰り返す毎日。いつも自然によい気分でいられる人は幸せです。でも、ふつうの人は、さまざまな出来事のなか、当然浮き沈みがあると思います。

浮き沈みがある毎日のなかでも、少しでも自分の気分をよりよい方向にもっていくために、1日のはじまりに、今日の仕事の段取りや、将来の夢、計画、前日の反省、いま自分が直面している出来事の意味などを、腰をすえて考える時間をつくってみませんか？

前日の落ち込みや、心の乱れを調節し、最高の自分になってから朝をスタートさせる一連の作業。それが、「セルフチューニング」です。

毎日毎日、自分という「楽器」を調整することで、あなたが望む未来をつかんでいきましょう。

スキマがないと、新しいものは入ってこない

私が、早起きをしていてよかったなあ、と思うのは「遊び」があることです。「Play」という意味の「遊び」もそうですが、車のハンドルの「遊び」のように、朝に「余白」をつくることで、ネットの検索窓に入れられないことを考える時間がもてるのです。

「余白」があれば、予想外の出来事にあわてることも減ります。たとえば、天気予報が外れて、起きたら雨が降っていた！なんてときも、すぐに気持ちを切り替えて雨用の靴や服、髪形を考えたり、家族の送り迎えの段取りを見直したりすることができます。

いままで慣れ親しんだ習慣を変えてみる「遊び」の時間も生まれます。朝ぎりぎりまで寝ていたら、電車のなかでネットのニュースの目立ったトピックスをさくっとチェックすることで精いっぱいですよね。でも、早起きをしていれば、新聞を後ろのテレビ欄から読みはじめたり、ニュース記事は最初にあえて読まず、広告記事だけを見て目立つキーワードを見つけてみたり、といったことができます。

わざとひと駅前で降りて散歩しながら目的地に向かってみることもできるし、いつもは混んでいてカウンターにしか座れないお気に入りのカフェのソファーに座れるかもしれません。

1つひとつは小さな冒険ですが、ちょっとした変化を自ら生み出すことで、毎日がいつもとは違ったものになります。

心の余裕は時間の余裕から。ツメツメで切羽詰まっている状態でいるよりも、時間にスキマがあったほうがいい。なぜなら、そのスキマにすっと、新しいアイデアや素晴らしいチャンスが入ってくるからです。

スキルアップの強迫観念から自分を解放しよう

朝の余白をたいせつにすることによって、「自分を大事にしているんだ」という実感がもてるようになります。

○時間に余裕があるから、ゆっくりと朝の支度ができる。
○美味しいご飯を、よくかんで味わって食べることができる。
○シャワーで軽く汗を流したら、お気に入りの香りにつつまれながら、ボディオイルで身体をマッサージすることができる。
○道ばたに咲く花の香りに癒されながら駅まで向かうことができる。
○始業前の時間、じっくりと1日の段取りを考えることができる。

◯手帳を広げて、将来ああなったらいいな、こうなったらいいな、と自由に想像を広げ、やる気をみなぎらせることができる。

あわただしいなかでは見逃しがちな、自分自身の心と身体のメンテナンスを1つひとつ楽しめるのは、早起きしている人だけの特権です。

早起きをがんばろうと思っても続かない人は、「早起きしたら、何かまじめなことをしないといけない」と気負ってしまっているのかもしれません。

早起きしてまで、あくせく働いてスキルアップなんて、しなくていいのです。そもそも「やらなきゃ!」と思ってはじめた習慣は、長くは続きません。まずは朝の楽しさを、身体いっぱい感じてみましょう。スキルアップの強迫観念から自分を解放してあげましょう。楽しさをまず感じることができたら、自然とスキルアップしたい気分になってきますから。

〇「早起きできた私って、ちょっと偉いかも」という少しの自信。

〇「出社するまでのたっぷりある時間で、何をしよう」というワクワク感。

〇「どんなにつらい夜をすごしても、ちゃんとお日様は昇ってきて、朝は誰にでもやってくる」という、あたりまえでいて素晴らしい自然の摂理。

〇太陽の光をあびて、自分がまるで植物になったかのように光合成してエネルギーが満ちていくイメージ。

そんな、朝の素晴らしさを、身体全体で味わう余裕が感じられれば、早起きはつらいものではなく、楽しいものだと気づくはずです。

夜ほっとするより、朝先取りしてほっとする

1日の終わり、寝る前に、ほっとできる自分だけの時間をつくる方は多いでしょう。

それもよいかもしれませんが、夜の場合は「気がついたらこんな時間！」ということになりがちです。「時間ができたらほっとひと息つこう」と思っているうちは、いつまでも時間をつくることができません。

なぜなら、ほっとする時間はそもそも優先順位が低いと考えがちだからです。

本当は、自分にとってたいせつな時間なのに、「優先順位が低い」ととらえてしまっているので、残業や気乗りしないつきあいに時間を取られ、結局「とれたらとろう」と思っていた時間はあっという間になくなってしまいます。

夜「ほっとする」という考えを切り替えて、朝「先取り」してほっとすることで、

朝イチの自分を癒してあげましょう。ふだんは家族のために、会社のために、とがんばっているあなた。ちゃんと、自分をメンテナンスする時間、つくれていますか？
自分をきちんと大事にしてあげる時間の、優先順位が低くあってはなりません。朝なら、自分の意志次第で時間をつくることは可能です。

たとえば、わき目もふらずに急いで目的地に向かうより、私が楽しんでいるような、次のような余白を楽しんでみませんか？

先日は、朝6時半から、誰もいないホテルのロビーをひとり、2階から見下ろして、ゆったりと1日の計画を立てました。ふだんは人が忙しく行き交う高級ホテルを、まるごと独り占めし、貸し切り滞在しているような贅沢な気分になりました。
また、朝食のピークがくる前のホテルのレストランは、お店の人にも余裕があるため、よりていねいなおもてなしを受けることができます。その日は、「たいせつにされている」という実感を得ながら1日をスタートさせることができました。

また、ある日は、お気に入りの海辺の神社に、日の出前に向かいました。朝日がじわじわと昇り、徐々に明るくなっていく海面をながめつつ、太陽の光を身体いっぱいに受け止めていると、自分がまるで太陽電池になったような気持ちになって、エネルギーチャージができました。

自宅から駅まで向かう途中に、私がひそかに「太陽の道」と名づけている道があります。道路がまっすぐ続く先を、ぱあっと太陽が照らしていて、日の出のときに通ると道全体が橙色に輝いているのです。この道を通るだけで、「今日も1日、絶対にうまくいく！」という気持ちが静かにわいてきます。

特別な予定のないふだんの日は、始業前にカフェにより、手帳を開いて、当日の予定、1週間の予定、1カ月の予定を確認したり、シミュレーションしたりします。ほかの人がまだ本格的に活動していない時間に、先手を打って活動をすることで、「これだけ準備をしているのだから、自分は今日も大丈夫」と、自信をもつことができるようになります。

朝早くから活動しているので、朝9時以降の突発的な仕事の依頼にもイライラすることはほとんどありません。「対応が速いですね！」とクライアントからほめていただくことも多くなりました。「いや、ただ、早起きしているだけなんですけどね」と、心のなかでつぶやきながらも、早起きの効用をまたかみしめます。

いつもは朝4時起きをしている私ですが、休日は少しだけのんびり。といっても朝7時前には起きて、夫と一緒に、息子をランニング用のベビーカーに乗せて近所の公園やお寺までジョギングします。

我が家の近所には都内有数の大きさを誇る公園があり、春は桜やタンポポ、初夏は菖蒲や紫陽花、夏は向日葵、秋は彼岸花と、四季の美しさを全身で感じることができます。

朝からジョギングでカロリーを消費するので、そのあとのブランチや晩ご飯のカロリーを気にする必要がありません。好きなものを、幸せな気持ちでいただくことで、格別に美味しく感じます。

ジョギングをしない休日も、お昼すぎまで寝てすごすことはほとんどありません。朝イチで、オープンしたてのショッピングセンターやジム、美容院に向かうと、ピカピカの空気や、元気なスタッフと接することができて、気持ちがあがります。

早起きというと、ストイックで、自分に厳しくて、ちょっとした甘えも許されなくて……と、一見思われがちですが、私にとっては、じつはいちばん自分を甘やかす時間なのです。だって、周囲からの雑音が入らずに、自分の思いどおりに、自由に使える時間なのですから。

人間ですから、誰でも気持ちのブレがあるのは当然です。心がざわついたり、理由もなく落ち込んだりすることもあるでしょう。

そんな自分を、本来のニュートラルな状態、きちんと正しい判断ができる自分に戻してあげるひとときを、朝の落ち着いた時間につくりましょう。

朝の余白が、頭や心のコリをほぐす

ふだん忙しくすごしていると、日々の思い込みや、周囲への配慮のしすぎで疲れてしまい、頭のなかの混乱や心のモヤモヤを、しっかりと見すえる時間はなかなか取れませんよね。朝早起きしてできたたっぷりの時間で、そんな「頭や心のコリ」をほぐしてあげませんか？

朝、じっくり腰をすえて自分と向き合う時間を取ることで、頭と心が整理され、自分が何をやりたいのか、どう動けばいいのかがクリアになります。モヤモヤが晴れると、仕事への取り組み方が変わり、人との出会いの質も変わってきます。その結果、人生はどんどんうまくまわりだすのです。

行動する前に具体的にイメージする習慣が身につけば、いまの自分のプランを、近視眼的にではなく、客観的に把握することができるようになります。

考えすぎて動きだせずに悩むことなく、えい！と1歩を踏み出す勇気をもてるようになります。リスクをおそれて縮こまることなく、仮に失敗してもきちんとそれを分析し、次に活かす力がつきます。自分だけでなく、相手のことも大事に思って行動することができるようになります。

朝の時間で、頭や心のコリをほぐすことを習慣にしていると「これだけやったのだから」という自分のがんばり度が客観的にわかります。

その結果、「あとは何があっても、もういいや！」「やるだけのことはやった」と、腹をくくって、思いっきり飛ぶことができるのです。

最後の追い込みより、最初の仕込み

朝を味方につけることができれば、「予期せぬハプニング」にもあわてず、対処することができて、自信と余裕が生まれます。

人生には「予期せぬハプニング」がつきものです。突然の予定変更、いきなりのムチャ振り、集中していたのに急に話しかけられてしまって集中力が途切れてしまった、ということもよくあることでしょう。

多くの「予定どおり終わらない」「思ったとおりにできない」というガッカリは、「予期せぬハプニングはもともとあるものだ」という前提を忘れて、キツキツ、パツパツに予定を組んでしまうことから生まれます。

仕事が終わらなかったり、計画が達成できなかったりして自分に自信がなくなるのは、「自分ができるはず」と思っていた見積もりと、実際にできたもののズレが原因なのです。

時間に余裕をもってものごとを進めるやり方を、朝早く起きることによって練習し、実践していきましょう。そうすることで、朝以降の、ふだんの仕事や生活への心がまえも変わってきます。

さらに、朝早起きできるようになると、「締め切り意識」が自然に身につきます。

「間に合わないから、夜中、終わるまでやろう」と思っていると、時間がいつまでもあるような気がしてダラダラしてしまいますが、「朝の数時間しかない」と思えば、それに間に合わせようと、集中してものごとに取り組むようになるのです。

また、早く起きるためには、早く寝なければいけません。睡眠時間を確保するために、逆算してものを考える習慣ができるため、「段取り力」があがるのです。

つまり、「最後の追い込み」よりも、「最初の仕込み」がたいせつなのです。追い込みでつじつまを合わせるのではなく、あらかじめの仕込みで余裕をもちましょう。

手帳で時間を整え、余白をつくろう

「早起きは素晴らしい！」とお伝えしたあとに、こんなことをお話しするのもなんですが、じつは、「早起きすれば、自動的に効率よく時間を使える」というのは幻想にすぎません。早起きはしているのに、つい、テレビをだらだら見ていて時間があっという間にすぎてしまった、そんな経験をおもちの方も多いでしょう。

テレビを見たり、ぼーっとしたりすることが悪いわけではありません。なんとなく、気づいたらそうなってしまった、という状態がよくないのです。

そこで、意識して余白の時間をつくるのにおすすめなのが、手帳をうまく活用することです。手帳に記入することで、「大事なことに時間を使う」という環境を整えていきましょう。

なんとなく「早起きしたい」と思っていても、眠気に負けてしまいます。「明日の朝、5時に起きてランニングする」「朝4時半に起きて、資格試験の勉強をする」など、きちんと自分のやることを、手帳に記録しておくことで、自分に軽いプレッシャーを与えると、決めたことをやり抜く確率が高まります。

手帳に記録するのを習慣にしていけば、時間どおりにできたか、できなかったかが明白になって、できなかったときは何が問題だったかを振り返ることができます。
自分の行動予定を前もってスケジュール帳に記入し、その後、スケジュールどおりに行動できたかどうか確認する作業を、私は「予実管理」とよんでいます。ふだん、会社で行っている予算や行動計画の管理を、プライベートにも応用してみましょう。

私はずっと家にいるのでわからない、という方は、たとえば家族や友だちと旅行に行くときの計画だと思って考えてみましょう。旅行では、どこに行くか、何をするのか、いつ行くか、そのために必要なお金はいくらか、いつまでに、何を準備しなければいけないかなどを、いろいろ計画しますよね。朝のプライベートの時間も同じように管理していくのです。

「管理」という言葉の響きから、「どうしてプライベートまで管理していかなきゃいけないの？」「堅苦しいし、めんどくさい」と思う方もいらっしゃるでしょう。

でも、「管理」は「強制」や「規則」ではありません。しっかりとここで時間を意識することができれば、そのぶん自由な時間が増えますし、何より、自分はちゃんと、決めたことを実行できる人なんだ！という自信にもつながります。

早起きしようと思える明日があるって素晴らしい

「明日こそ！」と、何度も固く誓っても、習慣化するまでの道のりが険しいのが早起きです。

目覚ましのスヌーズ機能を駆使し、一瞬のまどろみに幸せを感じながら、「まどろみきってしまった……今日も起きられなかった」と、ため息の朝を迎えた人もいることでしょう。「早起きは三文の徳」、そんなことわざ、もう聞き飽きた！と、枕を投げてしまいたい朝もあるかもしれません。

早起きは地味なひとり作業です。寝坊したからといって、すぐにそれが重大な失敗につながるわけではないので、「まあいいか」と妥協しがちです。また、結果が出るまでにタイムラグがあります。早起きを2日や3日続けたところで、いままでの自分の人生が一瞬で輝きはじめる――そんな魔法があるわけではないので、途中で、もうやめた！　となる日もあることでしょう。

でも、考え直してみてください。早起きをする！と「決めること」は、毎日できますよね。仮に今日は失敗したとしても、明日またがんばろうと決心すれば、365日、毎日再チャレンジできるハードルが低い挑戦なのです。

「挑戦」というと、エベレスト登頂とか、起業して成功とか、大きなものに立ち向かうようなイメージがまず浮かぶかもしれませんが、早起きだって、「よし、明日早起きしよう！」と決めて実行することは立派な挑戦です。自分の意志の力でつくりだした朝の時間に、心と身体の調子を整えて、いつでもスタートダッシュできる状態にもっていくことができたなら、なんでもできる気がしませんか？

あなたが「早起きをすると決める」――その挑戦をあきらめないのは、その先に、なりたい自分があるからなのではないでしょうか？　何度挑戦しても早起きできない、と考えるのではなく、何度だって挑戦できるんだ、そうとらえてみましょう。

早起きが習慣となるのは、日々の積み重ねの結果です。毎日チャレンジできる明日があるって、ステキなことだと思いませんか？

第1章

人生に余白をつくる

忙しい1日を送っていながらも、ふと振り返ると、じつはたいしたことをしていないような気がして落ち込む。――あなたがもし、そんな毎日をすごしているなら、毎朝、頭のメモリを整理して余白をつくることをおすすめします。

頭がモヤモヤして、ものごとが前に進まない理由はただ1つ。覚えておかなければいけないことが多すぎるから。あれもやらなきゃ、これもやらなきゃ、と思い出しては忘れ、忘れては思い出しの繰り返し。たまたま思い出したことを進めていても、ついあっちにそれたり、こっちにそれたり。そのうち、自分がやろうと決めていた大きな目的を忘れてしまったり、やりかけの仕事が山のように残っていたり……。

そんな状態に陥っているなら、いま取り急ぎ必要でない情報は、さっさと頭のなかから追い出してしまいましょう。そうすれば、あなたは、本当にじっくり、腰をすえて考えなければいけない問題に時間を使えるようになります。

毎日もち歩くバッグの中身を定期的に整理しないと、ハンカチやティッシュがいくつも入っていたり、捨てようと思っていたゴミが奥底に潜んでいたりすることがありますよね。いま必要でないものがたくさん入っているせいで、大事なお財布がどこにあるのかわからなくなるときもあるでしょう。

頭や心も同じです。ごちゃごちゃしていると、とりあえず目の前のものが目についって、本当に探したかったとてもたいせつなものが見つからず、日々をすごしてしまっているかもしれません。

頭に余白ができると、ものごとの全体像が把握できて、スッキリするだけでなく、スッキリしたことでできた空き時間で、将来についての計画ができるようになります。

この章では、頭のメモリの整理の仕方と、空いたメモリでどんなことを考えていけば、人生をよりいっそう楽しめるかについて解説します。

毎朝、頭を「棚卸し」して在庫整理をしていこう

私は、大学を卒業して新卒で外食企業に入社しましたが、そこでは、月末に棚卸しがありました。棚卸しとは、「決算や毎月の損益計算などのため、手持ちの商品・原材料・製品などの種類・数量などを調査し、価格を評価すること（iPhoneアプリ『大辞林』より）」です。正直いってめんどうでたいへんな作業でしたが、この作業を定期的に行わないと、利益がどれだけ出ていて、ムダがどこに隠れているかがわかりません。

また、棚卸しをすることによって、モノが置かれっぱなしでホコリをかぶっていた場所も、キレイに整理できるので、気持ちもあらたにものごとを進めることができるようになります。

最初はほとんど目に見えないホコリも、積もり積もると大きな綿ぼこりになったり、床にこびりついたりして掃除がとてもたいへんです。そうなる前に、こまめにちょこちょこキレイにしておくことが必要でした。

私は、「棚卸し」と「頭の整理」は似ているな、と感じています。頭のモヤモヤという「ホコリ」をためないように、頭の整理を定期的な習慣にしてしまうのです。「あとでやろう」などと、ぼんやり思っているだけだと、肝心なときに忙しくなってしまい、めんどうくさくてできなくなったりしますよね。

あなたの頭のモヤモヤの整理も、毎週月曜日の朝やろう、とか、月末の朝にやろう、といったように、ルーチンとして決めてしまうことをおすすめします。

例外をつくらずに習慣化できれば、やったりやらなかったりして、気がつけばチリが積もってどうにもならない！ということがなくなるのです。

モヤモヤ整理の具体的方法

モヤモヤ整理は、パソコンやスマホより、紙のノートや手帳を使って手書きで書くことをおすすめします。

パソコンやスマホだと、「いまから頭の整理をしよう」と思ってテキストファイルやメモ帳を開いても、集中力があっちこっちにそれてしまい、気づいたらメールをチェックしてしまう、ということがよくありますよね。パソコンやスマホは便利ですが、なんでもできてしまうがゆえに、かえってその機能に翻弄されてしまいがちです。

ノートや手帳なら、「書く」「読む」しかできない環境に身を置けるため、惑わされずに高い集中力を保つことができます。

私の場合は、次のような項目を、週に一度、朝の時間に定期的に整理して手帳に書き出すようにしています（私がプロデュースしている『朝活手帳』では、毎週月曜日にこの項目を整理できるようにしています）。

1　連絡しなければいけないのに、まだの人。
2　やりかけプロジェクト。
3　将来やりたいと思いつつ、まだ手つかずのこと。
4　提出しなければいけない課題。
5　読む必要がある本や資料。

ポイントは、「こんな細かいことまで書く必要があるのかな？」「今週中にできるのかな？」などと迷う時間を自分に与えず、気になったことはとにかく全部書き出すこと。頭のなかをぎゅーっと絞りきるようなイメージです。

あとは1週間、折に触れてこのリストをながめ、終わったものを赤ペンでどんどん消していったり、新しく加わった予定や作業を追加したりしていくのです。この書いたり消したり加えたりしたものが、そのままあなたの頭のなかの代わりをしてくれます。「忘れないようにしなきゃ！」と、がんばって余計な労力をかけていた脳の負担を減らし、余白ができたぶん、創造的で生産的な作業に振り分けることができるようになるのです。

また、このリストを日々整理しておくと、仕事先の都合で急にぽっかり時間が空いてしまったときや、約束していた友だちから待ちぼうけをくってしまったときなどでも、「いまはリストの気になっていることをつぶすチャンスだ」と、前向きにとらえられます。イライラすることが激減するので、心にも余白が生まれますよ。

余白たっぷりのノートをひらめきツールにしよう

頭のモヤモヤが整理できると、スッキリと気持ちがいいものです。しかし、整理するにはある程度の時間、じっくり腰をすえて考えなければいけないし、「モヤモヤは先送りにしたいなぁ」という気持ちもはたらくため、とりかかるのが少しおっくうなときもあります。

そんなおっくうな気分を取り払うために、お気に入りのノートや手帳を用意しましょう。ノートや手帳を開くと自動的にわくわくするような、自分にとっての心地よさを重視したノート選びをおすすめします。色はもちろん、紙質や書き味のスムーズさ、手触りも重視し、良質なものを厳選しましょう。

私は、いままでさまざまなノートを試してみた結果、おすすめのノートには次の3つの特徴があることがわかりました。

1　罫線はなし。

2 紙の色は真っ白ではなく、クリーム色。
3 紙質は厚手でハリがあり、ペンのインクがにじみにくい。

罫線なしのノートをおすすめするのは、思考を制限させないためです。罫線が入っていると、「罫線に沿ってキレイに書かなければいけない」と思考にブレーキがかかり、自由な発想の妨げになるような気がします。
紙の色は、真っ白だと照明が反射し、目がチカチカしてしまいます。クリーム色なら長時間ノートを開いていても疲れにくいですよ。

ノートの紙が薄いと、あとで見返すときに不便ですよね。乱暴にめくるとページが飛んでしまって目的の箇所にたどりつくのに時間がかかってしまいます。厚手でハリがある紙質なら、多少は荒っぽくあつかっても、ヨレずに早く目当ての箇所に行きつくことができてストレスがありません。

にじみにくく、書いていてするするとすべるような書き味のものを選ぶことも重要です。せっかく気分が乗ってきたのに、ペンが紙に引っかかり、にじんだりすると、とたんにやる気が失せることは多いのです。

この3つの特徴を参考に、ぜひ、あなたのこだわりをもってお気に入りの1冊を選んでみてくださいね。

夜クヨクヨしそうになったら、さっさと寝て朝クヨクヨする

私は「夜のクヨクヨより、朝のクヨクヨ」を提案しています。

夜、悩みはじめてしまうと「この世の終わりだ」と落ち込んでしまうようなことってありますよね。そんなときは、どんな出来事に直面しても、「朝クヨクヨしよう」と決めてしまって、夜はさっさと寝て、悩みを朝にもち越します。すると「なんでこ

んなことで悩んでたのかな？」と不思議に思えてくるのです。

たとえば、仕事で大きな失敗をしてしまったとき。家までの暗い帰り道で、「ああすればよかった」「こうすればよかった」とため息をつくことは誰にでもあります。

私の経験では、夜、失敗についてクヨクヨ考えていると、「私は悪くない」「上司だってあんな言い方しなくてもいいのに」「どうして私っていつも失敗してしまうのだろう」「時間を巻き戻してしまいたい」といったように、問題そのものではなく、問題の結果生まれた感情や、もう覆しようもないことにフォーカスしてしまいがちでした。

これでは、いつまでたっても成長できません。

問題を先送りするのは一般的によくないことだと思われています。でも私は、その日に起きた問題をひと晩中クヨクヨ思い悩むよりは、さっさと寝てしまって、次の日にもち越すほうがよっぽど生産的だと感じています。

このように感じるようになったきっかけは、会社員1年目の苦い経験からでした。

私は、新卒で入った外食企業で、何も仕事ができないのに権利だけは主張する勘違い社員でした。このままでは管理能力を問われて自分にも被害がおよぶと思ったのか、当時の上司は、ありがたいことに私のダメなところを逐いち、徹底的に注意してくれたのです。それこそ、掃除の仕方から、上司への口のきき方、あいさつの仕方までも。一挙一動を毎日注意されっぱなしでした。20年以上生きているのに、まるで小学生ぐらいの知識しかないことが骨身にしみて、悔しくて泣きながら帰った夜もありました。

そんなある日、私はいつものように泣きながら帰った夜に、「もういいや、寝ちゃおう。明日いろいろ考えよう」と、ふと思ったのです。

次の日の朝、いつもより早めに起きて会社の近くのファストフード店に入り、上司に注意されたことを淡々と手帳に書き出していきました。

するとと、思わぬ効果が。前日の夜は、あれほど「悔しい」とか「あんな言い方しなくても」「もう辞めてやる！」と思ったことなのに、ひと晩たって冷静になって書き出すと「ああ、上司がそう言うのももっともだな」「ここを直せばいいんだ」と、ニュートラルに考えることができるようになったのです。

ネガティブな感情でパンパンになって、冷静な判断ができなかった頭のメモリが、スッキリとキレイに消えた瞬間でした。

クヨクヨしそうになったら「どうしてクヨクヨしているのか」を上からながめてみる

頭のメモリを空けることができたら、いよいよ余白を使ってさまざまな未来について考えていきましょう。たとえば、朝の空気のなかで、あえてネガティブになってしまう気持ちを分析してみるのもおすすめです。

先日もヘコんだり、怒ったり、落ち込んだりすることがあったので、「どうしてネガティブ感情が生まれてしまうのだろう」ということについて、朝、あれこれ考えてみました。

その結果、気づいたのは「ネガティブ感情になってしまう自分ってダメだ！」と思ってしまうと、余計に悪いスパイラルに入ってしまう、ということでした。ネガティブ感情そのものがいけないのではないのです。神様じゃないんだから、どんな人でも365日24時間ポジティブ、ということはありえません。

さらにいけないのは、次の2つです。

1　ネガティブ状態から自分ではいあがらず、いつまでもひきずってしまうこと。

2　自分が「ネガティブ状態になっている」ことを認めずに、ポジティブなふりをすること。

認めたくない気持ちを、ないことにしてフタをすると、あとでじわじわと、身体や心を蝕んでいきます。かといって、ネガティブな状態を周囲にぶつけることは、一時的にスッキリしても、根本的な解決にはなりません。

だからこそ、自分で立ち直る力、「セルフリカバー」力をいかに身につけるかが勝負です。セルフリカバーの速度が早くなれば早くなるほど、成長した、ということになるのではないかなと思います。ネガティブなことだって、必要以上につらくならないのが、朝の空気の魔法だと思います。なぜ私はいまネガティブになっているのだろう、と気になったなら、朝に分析するのがおすすめですよ。

夜と朝に「よかった探し」をサンドイッチする

「夜のクヨクヨより朝のクヨクヨ」とお話ししましたが、悩みが深すぎると、さっさと寝ようと思ってもなかなか眠りにつけないことがありますよね。そんなときにおすすめするのが、夜と朝の「よかった探し」サンドイッチです。

寝る前に、今日1日を振り返り、ささやかでもいいから「よかったこと」を数えてみると、比較的おだやかな眠りにつくことができます。どんなにつらい日だって、「ランチタイムに初めて入ったお店が、予想外に美味しかった」とか、「帰りの電車で座れてラッキーだった」など、ちょっとしたよかったことは、必ずあるはずです。1日を感謝の気持ちで締めくくると、睡眠の質もよくなる気がします。

眠りから覚めたら、朝いちばんに「いいこと探し」をしてみましょう。

朝早起きできたら大好きなチョコレートやケーキを食べる、といったように、「自分にごほうび」をあげるのはわかりやすい「いいこと」です。でも、毎日「モノ」のごほうびを自分にあげていたら、身体もお金もたいへんですよね。モノじゃなくてもいいんです。早起きして何か「いいことがあった!」とよろこべること自体を「ごほうび」にしてしまえばいいのです。

まわりよりも早起きしていれば、いいことを見つけるのも、もちろんいちばん。誰よりも早く「うれしい」を探すことができたので、「朝からちょっと幸せなことをみんなにシェアしてみよう」——そんなふうに考えると、楽しくなってきませんか?

私の先日の「アサイチの幸せ」は、コーヒーショップのスタッフからもらったメッセージです。コーヒーの紙カップに「Have a Nice Day!」と書いてあったのです。うれしかったのでさっそく写真を撮り、SNSでシェアしたところ、「こっちまで幸せな気分になった」とたくさん「いいね！」をもらえました。

自分だけの「アサイチの幸せ」が、まわりにも朝からちょっとした幸せを届けることになって、さらに自分が楽しくなる。まるで幸せが循環していくようですね。

昼や夜にやっていることを朝にもってくると　おもしろい化学反応が生まれる

心や時間に余裕がないと、固定観念にとらわれてしまって、できるものも最初から「できない」と決めつけがちです。たとえば、「朝・昼・晩」という言葉のイメージに、ふだんの私たちは無意識に縛られています。

「朝の人」というと健康・元気いっぱい、爽やか。「昼の人」というと、のんびりしておだやかな感じ。「夜の人」というと、とたんにどこかアヤシイ、裏道を歩いているようなイメージになりますよね。しかし、このような言葉についてまわるイメージをいったん忘れて自由になると、おもしろいアイデアが生まれることがあります。

私は、「Before 9（ビフォア・ナイン）プロジェクト」という、朝の始業前の時間を有効活用する「大人の学び場」を主宰しています。外部講師を招いたり、自分が講師を務めたりなど、さまざまなイベントを企画しています。

当然、朝の爽やかですがすがしいイメージにふさわしい「早朝ウォーキング」や、「ヘルシーな朝食」を食べる、といった企画が人気なのですが、なかには意外にも、朝のイメージから遠い「ありえない何か」を「朝」とかけあわせてみた――そんなイベントへの反響が大きかったりするのです。たとえば、いままでこんな企画を考えてきました。

○朝から出版記念講演会(朝から講演を聞いたあと、ウォーキングインストラクターの指導のもと神宮球場のまわりをウォーキング。朝食付き)。

◯早朝パワーチャージライブ（朝からプロミュージシャンをよび、生ライブ）。
◯早朝忘年会（朝からザ・リッツカールトン東京の半個室を借り、シャンパーニュで乾杯）。

これらの企画を思いつくのは、たいてい朝。聞くところによると、夜は眠っているうちに前日までの情報が脳で整理され、朝には頭がクリアになっているから、発想がわきやすいのだそうです。「こんなこと、朝っぱらからできないよ」という思い込みを外してしまうと、おもしろい企画が生まれ、「お！なんだか楽しそう」ということでお客様にも来ていただける、そんな好循環が生まれています。

人は「楽しい」と思うところに集まるもの。発想力の訓練にもなるので、「朝」×（かける）「何か」を、いろいろ考えてみることをオススメします。朝にあんなことができる、こんなことができる、とアイデアがどんどん生まれてきます。

ときには、仕事といっさい関係ないことをやってみる

早起きをしたからには、勉強や運動や仕事の準備といったような、まわりから見られて「偉いこと」「すごいこと」をしなければ！と気負っていませんか？

「やらなきゃいけない」と思えば思うほど、せっかくの朝の時間がどんよりしたものになってしまいます。もともと早起きは眠くてつらいもの。だからこそ、プレッシャーに感じることではなく、自発的に「したい！」と思うことに時間を使ってみましょう。

たとえば、たまには仕事のことはいっさい忘れて、趣味を極めるための時間にしてみてはいかがでしょうか。毎日同じことの繰り返しでマンネリになってしまった気分をリフレッシュさせ、子どもみたいな好奇心を取り戻すのです。

「慣れ」のせいで素直な視点を忘れそうになったときや、自分の仕事に行き詰まりを

感じたときの突破口になるかもしれません。

私は会社員時代、朝の時間に趣味の飲食関連の本を読むようにしていました。いま思うと、仕事にいっさい関係ない新しいことを学ぶ経験が、素直にものごとを見る目を養ってくれたのではないかと感じています。

新しい知識を得るときは、誰もが必ず素人です。「なんで?」「どうして?」とソボクな目でものごとを見ることができます。仕事に慣れると、「知る」ことの楽しさをダイレクトに味わうことが少なくなり、なんとなく流して仕事をしがちになってしまうので、この視点を取り戻せたことは新鮮でした。

「そもそも、なんでこうなるの?」という、忘れかけていた無邪気な問いが、自然に出てくるようになったおかげで、仕事もソボクな視点で見てみよう、と思えるようになり、よい結果につながっていきました。

朝、楽しいことをしたあとに出社することで、いい気分のまま仕事に取り組みはじめることができたため、1日の仕事全体も楽しくなるという効果もありました。

1日を気分よくスタートさせるためにも、朝イチで楽しいことをしてみましょう。

夜をもっと楽しみたい！が早起きの理由だっていい

「アペロ」という言葉を聞いたことがありますか？

「アペロ」とは、フランス語の「アペリティフ（食前酒）」の略で、フランスをはじめとする欧米諸国で楽しまれているお酒の習慣です。

お客様のニーズに応じてワインを選ぶプライベートソムリエールとして活躍してい

て、フランスの文化事情にも詳しい山田マミさんによると、フランスでは「お茶しない？」くらいの気軽さで「アペロしない？」と誘いあい、晩ご飯前に、ササっと軽く1杯を交わしながら交流を深めるのがふつうなのだそうです。

私は、日本にもこの「アペロ」の習慣が広まればいいな、と考えています。早起きすることで仕事や家事を効率的に終えて、まだ明るいうちに、フランス流のアペロ時間を楽しめば、ゆったりと余裕をもって家事にも取りかかれますし、明日もがんばろう！という気持ちのリセットにもつながると思うのです。

私も経験があるからわかるのですが、仕事が終わらないまま飲むお酒は苦いものです。次の日のことが気にかかり、ゆっくりと会話を楽しむこともできません。でも、早起きして段取りよく仕事を終わらせて、スッキリした気分で飲むお酒の格別なことといったら、言葉になりません。

私は、早起きして、できる限りサッサと仕事を終わらせて、午後5時以降はダラダラすることにしています。相手次第なので難しいこともありますが、なるべく飲み会も午後5時スタート。ハッピーアワーでお得に楽しみ、遅くても夜10時には就寝すれば、明日もばっちり早起きです。

サッサと仕事、明るいうちにアペロ。楽しいと思いませんか？　そんな余裕があるライフスタイルが日本にも定着するよう、私はこれからも早起きのよさを提案していきたいと思っています。

目標はあくまででっかく、大風呂敷を広げて妄想しよう

私は朝9時の始業までの時間を「自分と向きあい考える時間」と位置づけ、将来の計画や目標についてあれこれ考えることにしています。前にも述べましたが、夜は身

体が疲れていることもあって、ネガティブ思考に陥りがち。だから、私が、あれこれ考えるのは朝なのです。

限界を自分で決めずに「本がたくさん売れるといいな〜」とか「新しい連載が決まればいいいな」など、できる・できないはともかく、自由に考える時間を取るようにしています。「妄想」といっていいような突拍子もないことを想像し、大風呂敷を広げてひとりでニヤニヤ。こうして生まれた発想を手帳やノートに書き留めていくのです。

目標を立てよう！　計画しよう！とかまえてしまうと、ちゃんとしたこと、現実的なことを考えなければいけないような気がしますよね。実現できる？　でもできない？の繰り返しで、なかなかスイッチが入らなかったり、計画をしながらもなんとなく「ホントに大丈夫かな」と自信がもてなかったりすることもあるでしょう。

そんなときは、「目標を立てる」とは考えずに、まずは「妄想する」と考えると楽しくなります。

私が好きな言葉は「Fake it till you make it」――「できるようになりたかったら、できるふりをしろ」。これは、たんに「ビッグマウスになれ」といっているのではありません。余裕のあるフリをして、必死でその「余裕な自分」に追いつくよう努力せよ、という意味です。

大風呂敷を広げた計画を書き、妄想してみましょう。まさに自分を騙す（Fake）かのように。

目標だと「無理かもしれない」と、マイナスな感情でつぶされそうになる人でも、妄想ならワクワクニヤニヤできます。そうしているうちに、「できるふりをする」ためには、具体的に何を準備したらいいいかな？という発想に切り替わっていきます。

私自身、「いまの自分の実力で、こんな大役がつとまるだろうか？」と心配になるようなオファーをいただいたり、思わず尻込みしそうになることを「やってください」と言われることがたくさんあります。でも、そんなときは「Fake it till you make it」

と唱えると、心のなかではビクビクでも、いっさい表に見せずに、堂々と「できます！」と言えるようになります。
「できるふり」をしたからには、仕事で迷惑をかけるわけにはいきません。だから、本気になって、ありとあらゆる手段を使って「できる」に近づくよう努力するようになるのです。

こうして、自分の背丈以上の果実を背伸びしてつかんでいくことを、必死になって続けてきたおかげで、いつしか道が出来ていました。その繰り返しが自分をどんどん大きくしてくれている気がするのです。まるで、自分という人間を大きく見せたぶんだけ、余白としての「のびしろ」がどんどん広がっていったように。

最初は、虚勢をはっているようで居心地が悪くてもいいのです。まず、体験してみること。飛び込む勇気をもつこと。そこからすべてがスタートします。もちろん失敗するかもしれません、でも、失敗してもいいじゃないですか。その失敗を朝の時間で分析して、二度と同じ失敗をしないよう、また挑戦すればいいだけなのですから。

Fake を Make に変えるための、具体的分析方法

「できるふり」の妄想をしたままで終わらせていては、いつまでたっても現実化は難しいはずです。かかげた「妄想」を現実化させるためには、その先のもう一歩が必要となります。

妄想をさらに分析し、現実化に向けて深く深く考えていくための切り口としておすすめなのは、５Ｗ２Ｈ（Who, When, Where, What, How, Why, How much ――誰が、いつ、どこで、何を、どうする、なぜ、いくらで）です。

たとえば「新聞連載したい」という妄想を思いついたら、テーマ、何回シリーズか、何新聞か、いつから連載がはじまるか、連載をきっかけにどのような次の展開が待っているか、というところまで、数字を入れてだんだん具体的にしていき、企画のアウトラインまで固めてしまいます。

実際、私の場合、たまたま新聞社から声がかかったときには、すでに妄想からスタートした企画書が手元にありました。「具体的にこういうことができるのでやります！」とすぐに提案できたため、新聞連載が現実のものとなりました。

5W2Hに具体的に落とし込み、まとめることのメリットは、このような偶然の機会だけではありません。「これがやりたい！」と周囲に伝えることに、躊躇（ちゅうちょ）しなくなるということもその1つです。「こんなことを言っておいて結局できなかったら恥ずかしい」「失敗したらどうしよう」と、やりたいことを心のなかにとどめておいては、せっかくのチャンスを逃してしまいます。

声に出すのは勇気がいることかもしれません。でも、前向きになれる朝の時間にきちんと分析をして、やりたいことを計画するのですから、何も恥ずかしいことなんてありません。仮に失敗してもまた5W2Hで計画し直せばいいだけです。

ちゃんとがんばる人の熱意は必ず周囲に届きます。自分で決めて宣言し、自分で動く。それが、いい出会いや、ほしい結果を引きよせる、大きな力になるのです。

つらいことも、自分をヒーロー（ヒロイン）だと思えば楽しくなる

朝の妄想は、つらいことさえも楽しく変えてくれます。私の最近のお気に入りの朝の妄想は、自分を主人公として、誰かが私のことをナレーションしている、というものです。

たとえば、何かたいへんなことが起きたとき、「この出来事は、池田千恵がさらに成長するための壮大な物語の序章であった……」と、誰かがナレーションしているところを妄想するのです。ナレーターは、あなたが好きな芸能人や文化人など、声が聞けたらうれしくなるような人を想像してみてください。あせる気持ちがクールダウンして、気持ちに余白ができるため、「よーし！　がんばるぞ！」と元気になります。

このように気持ちの切り替えができると、日々のちょっとした悩みも、「つらいからできない」ではなくて「つらいけどどうすればできるか」の視点で考えられるようになります。

◯時間がない↓では、何時間あったらできるのか？　時間をつくるためにはどうしたらよいのか？

◯お金がない↓では、いくらお金があったら安心なのか？　これからお金をつくるためにはどのような努力が必要か？

◯やりたいことを家族に反対されている↓では、反対の理由はどんなことか？　家族が賛成と言ってくれるためには、どのような条件が必要なのか？　それは自分の努力でどこまで補うことが可能なのか？　その意見を覆すことはできないのか？

つらいことも「自分の人生の物語の試練のとき」だと妄想し、「どうすればいい？」と思考転換することを習慣にしていくと、前向きにとらえて乗り越えることができるようになります。このように思考転換できるのも、朝のゆったりとした時間があるからこそです。

「Fake it till you make it」な大風呂敷目標の見直しも、朝しよう

大風呂敷を広げた目標を妄想するのは楽しいものです。しかし妄想してから数カ月後、あらためて見直したときに、「どうしよう！　まだ何も達成していない！」と、あせることもあるでしょう。興奮して書いた目標も、時間がたつと状況が変わって、考え直す時期がくる場合もありますよね。

もし、最初に立てた大きな目標が叶っていなくても、あせる必要はありません。「大風呂敷目標」は、自分で自分の余白をせばめてしまっている悪いクセを、修正するイメージトレーニングのようなもの。私の余白はもっとあるはず！と意識的に大風呂敷を広げて、その目標を達成したときの幸せなイメージを、繰り返し頭に思い浮かべることができれば、それだけでもいいのです。

とはいえ、やっぱり、せっかく立てた目標だから達成したい！と思うのもまた本音です。では、「大風呂敷」をリアルな目標に近づけるためにはどうしたらよいのでしょうか。私は、数字で、具体的に進捗がわかるように目標を書き換えることをおすすめします。５Ｗ２Ｈの「How much」にあたる部分で考えるのです。

たとえば、初出場のフルマラソンを完走することが目標なら、足腰を鍛えるために「月間累計走行距離１００キロ以上走る」、と決めてみましょう。

数字で具体的に目標が決まれば、「１００キロ走るためには、平日毎日５キロ走ってみよう」と、次の目標を決めることができます。ここまで細かく、毎日実行することに落とし込むことができたなら、毎日５キロの積み重ねがフルマラソンにつながる、と具体的にイメージすることができますし、達成する意欲もわいてきます。

「有名になりたい」「出世したい」などという目標はあいまいすぎてＮＧ。あなたにとっての「有名」「出世」を数字で表しましょう。たとえば、ブログのアクセス数が1日何千PVか、名前をネット検索した結果が何件か、というように書き換えます。

仕事で結果を出したい、出世したいというあなたは、出世するためには会社にどんな貢献をしなければならないかを、数字を使って1つひとつ書き出していきます。総務の方なら事務用品の経費を前年比○%削減、広報の方ならメディア取材の数を○件増加させる、といったように。妄想を数字で具体的にすると、自分が何をすべきかが、よりはっきりとイメージできるようになります。

「大風呂敷目標」が大風呂敷で終わってしまうのは、具体的な行動があいまいなまま、なんとなく「叶えばいいな」と思っているから。あなたの目標を数字で分解するとどうなるかを、一度、朝の時間でじっくり考えてみてはいかがでしょうか。

失敗は、朝の時間に「上書き保存」しちゃおう

「一度失敗した苦い思い出があって、そのせいで同じような場面が訪れると怖くて前に進めなくなる」という人がいます。心の底から「あんな経験、二度としたくない」と思っているのならべつですが、その失敗に少しでも未練があるなら、あえてもう一度がんばってみてはどうでしょうか？

朝の時間なら、過去のつらい気持ちもゆっくり振り返ることができます。もしかしたら、苦い思い出も、よい思い出に「上書き保存」できるかもしれません。

もう一度やることのたいせつさを、私は早朝の神社で、見ず知らずのおばあさんに教わりました。

２０１１年、大阪の住吉大社でセミナー講師をしたときの話です。早朝、私は住吉

大社に参拝しました。境内には「おもかる石」というものがあって、願い事を思い浮かべて石をもちあげたとき、重いと感じるとその願いは叶わず、軽いと感じるとその願いは叶うというものです。当時は、東日本大震災直後。私の願いは、故郷の福島の原発が落ち着くこと、福島に住む実家の両親、友人たちがどうか無事であることでした。

ところが、心から願ってもちあげたのにもかかわらず、おもかる石を重く感じてしまいました。落胆する私に、いつの間にか後ろに立っていたおばあさんが、「もう一度、しっかり、心を込めてお願いしてごらん。大丈夫だから」と声をかけてくれました。私が「重く感じた」ともなんとも言っていないのにです。

私はあらためて、心からの願いを込めてもちあげました。すると、さっきは5センチくらいしかもちあげられなかった石が、20センチくらいもちあがりました。ずっと私を後ろで見ていたおばあさんは、「大丈夫でしょ。本当に叶わなかったら、ぜんぜんびくともしないくらい動かないんだから。願いは叶うよ」と言ってくれました。

当時は、この出来事を、たんなる不思議な話で終わらせていたのですが、先日知人に話したところ、私とは違う視点で意見をもらい、はっとしました。「うまくいくかなんてわからないけど、チャレンジし続けることが、やっぱり大事なんですね」――。

あなたがもう一度チャレンジしたいことはなんですか？　思いきって、本気で心を込めて、チャレンジしてみませんか？

夢の実現に必要なのは「情熱・論理・巻き込み力」

私はよく「自分で自分の人生を邪魔しないで」という話をします。可能性をせばめているのは、環境でも親でも友人でも家族でもなく、自分自身だと思うからです。

これは、うまくいかない原因は誰のせいでもなく、すべて自分の責任だから、自力で解決しなければいけない、という意味ではありません。「自分なんてせいぜいこんなもんだ」というあきらめと、「いまの自分がこんな状態なのはおかしい」という悔しさの間でせめぎあって、結局何もしないくらいなら、ほかの人に協力を頼めることは頼んでみましょうという提案です。

頼んでみるときに押さえておきたいのは、自分の過去の行動を「情熱・論理・巻き込み力」で振り返ることです。

情熱だけだとイタイ人、論理だけだと冷たい人。でも、あなたが過去に、情熱を論理でくるんできちんと発信できたとき、仲間を巻き込んで大きな仕事ができた、そんな経験はないでしょうか。自分の「根っこ」にある大事なものを見つけたあとの言葉と、それが見つからないうちに発した言葉では、相手に届く想いの重さが違います。

たとえば、大事だと思うものに対する情熱を、世の中のニーズといった冷静なデー夕に、論理的に掛け合わせることができたならどうでしょう。もともと、やりたいと思っていた仕事ならもちろんのこと、たとえ嫌だと感じていた仕事さえも、自分の夢を実現するための「素(もと)」なんだと、心から感じることができるようになります。

心の底から感じた気持ちを発信すれば、あなたの行動で勇気づけられた人、がんばろうと思った人、あなたの活動を応援したい人、そんな人たちが必ず現れます。必ずです。

だからこそ、あなたが、あなた自身をいっそう楽しむために、「情熱・論理・巻き込み力」を生み出す、朝の余白を活用していきましょう。

第2章

身体に余白をつくる

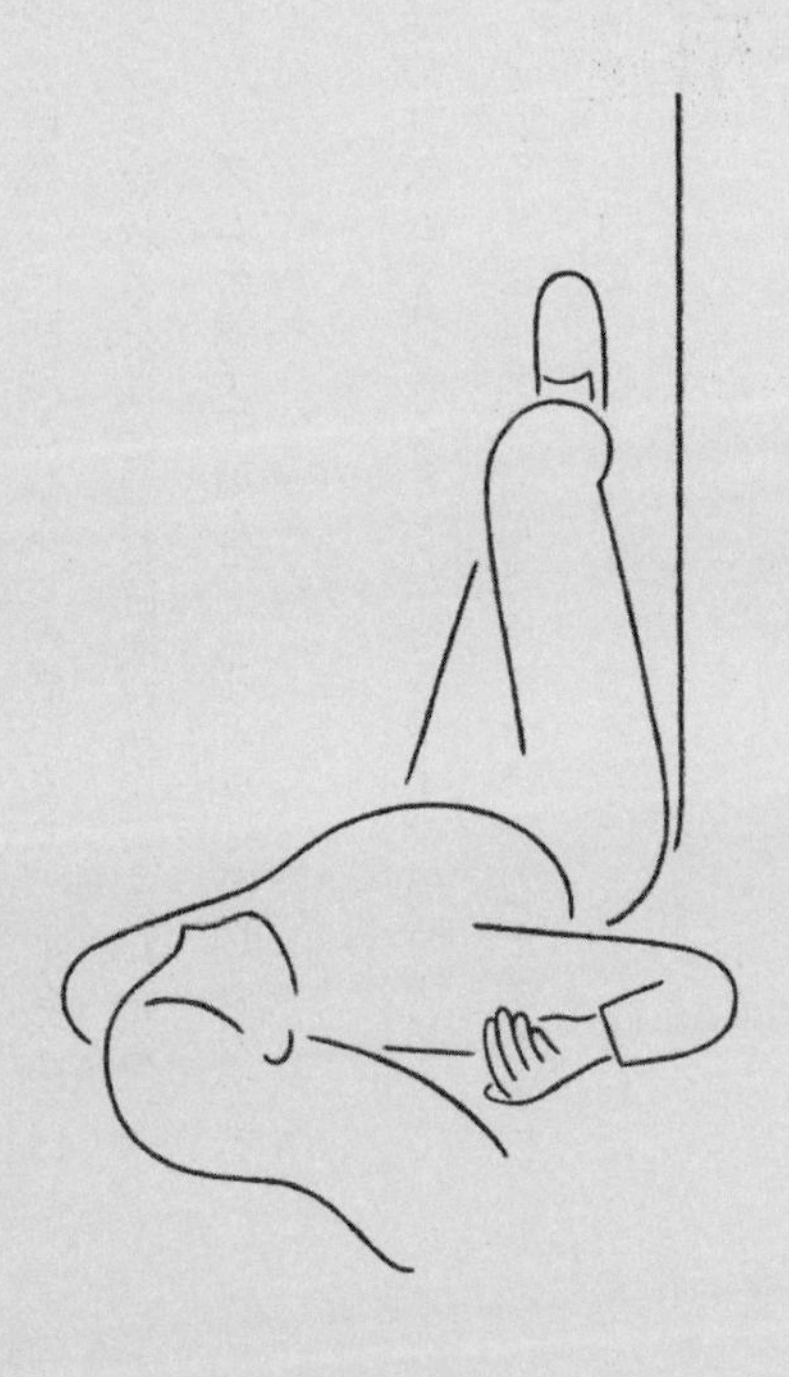

私は、２０１６年１月に第一子となる男の子を出産し、子育てをしながら仕事をしています。息子を見ていると、人間も自然の一部だとしみじみ思います。まるで、日本に四季が毎年同じようなタイミングで訪れるように、お日様が朝になると昇って、夕方になると沈むように、淡々としたリズムを親子で刻んでいるように感じるのです。

子育てにたいせつなことは、生活のリズムを整えることだそうです。何時に起きて、何時に寝て、何時にご飯を食べて、というリズムをきちんと身につけることができれば、心身ともに健康で落ちつくと聞き、私は意識してリズムをつくるようにしました。

お腹のなかでも私の「朝４時起き」リズムを体験していたせいか、息子は夜８時半に寝て、朝４時に起きる、というパターンがすでに身についています。同じ月齢の子と比較しても、おだやかでよく食べ、よく寝る子で、病気にかかることも少ないようで、まわりのママたちに驚かれるほどです。

もちろん、子育ては初心者でまだまだわからないことだらけですが、頭で考えるより身体で感じて、あるがままに生きている子どもが、健やかに育っているのを見ていると、やはり規則正しい生活は、心身の発達によいものなのだなと感じます。

私自身も、早寝早起きを習慣にしているおかげで、年齢のわりには肌ツヤがよいとほめられることも多く、お通じにも悩むことがないといったように、リズムが整っているおかげで心身ともに健康だという実感があります。

また、リズムがわかれば、未来が予測しやすいというメリットもあります。「このタイミングで余白ができるから、その間に◯◯しよう」というように、突然ぽっかり空いた時間をもてあますことがなくなるのです。

この章では、朝の余白が心身の健康に与える効果や、四季折々での朝の時間の楽しみ方、楽しく健康を維持するために朝心がけること、リズムを整えて、余白をつくるための方法などについて紹介します。

早起きで、地球と自分のリズムを合わせていこう

ある日、福島県いわき市の中山歯科矯正医院院長の中山孔壹先生（統合医学博士、臨床ゲノム医療学会ゲノムドクター認証医）の講演を聞く機会がありました。中山先生は、人間の遺伝子情報（ゲノム領域）、統合医療、人類進化学を研究されており、福島県の「心の復興」にも奔走されている方です。

先生によると、人間の体内時計は、じつは24時間でなく約25時間なのだそうです。太陽光が目から入るタイミングで、網膜・視交叉上核・松果体というところを同調させ、地球のサイクルである24時間に、私たちは毎朝調整し直しているのです。

きちんとリセットできれば、睡眠・覚醒、血圧、体温をふくむ、身体全体の恒常性（ホメオスタシス）のリズムが正しくはたらきはじめ、心と身体のバランスが整います。

これは、自律神経の調整をうながし、免疫力を向上させ、健康へとつながることになります。

また、じつは、太陽光をあびる時間にも適切なタイミングがあります。人間の体温が1日で最低になるといわれる、朝4時ごろからの数時間が、体内時計を合わせるいちばんのチャンスなのです。

現代人は、パソコンやスマホ（これらの光も太陽光に近い）の光を長時間不規則にあびているので、万年時差ぼけ状態に陥りがちです。その意味でも、早起きによる健全リセット術が、身体や心のバランスを整えるために有効だということを、先生のお話からあらためて実感しました。

私はいつも、夜寝る前に「朝起きたら、私は新しく生まれ変わる！」とイメージして眠りにつきます。

「今日も1日楽しかったけど、目覚めたあとの私は、今日よりもバージョンアップしている。さらに素晴らしい1日が待っている！」とイメージすると、それだけでなんだかわくわくしてくるのです。体内時計のリセットと、自分の気持ちのリセットはなんだか似ているな、とうれしくなります。

森林浴はなかなかできなくても、朝日浴なら毎日できる

私は大学時代、アウトドアを楽しむサークルに入っていました。夏休みは横浜から屋久島まで、青春18きっぷとフェリーを乗り継いでキャンプをしたり、9月のはじめなのにうっすら雪の積もる白馬岳を登ったり、紅葉の尾瀬をトレッキングしたりと、活動的にすごしていました。

会社に入ってからは、そんな日々は夢のように遠くなってしまいましたが、それで

も、家と職場の往復、繰り返される単調な毎日からいったん離れ、少しでも自然に囲まれるチャンスがあると心が洗われました。

ふだんのせかせかした日常からフッと解き放たれ、身体のなかにエネルギーがぐんぐん充電されていくような経験は、誰にでもあると思います。とはいえ、仕事に家事にと忙しい毎日、しょっちゅう大自然のなかに出かけて行ってリフレッシュするわけにはいきません。

じつは、身近なところでもリフレッシュできる方法があるのです。

それが、「朝日浴」です。森林浴はしょっちゅうできなくても、朝日浴なら毎日できると思いませんか？

毎日、変わらない優しさで私たちを照らしてくれるお日様も大自然の一部。身近すぎてお日様が昇るのはあたりまえだと思ってしまいがちですが、こんなにもパワーをもって、地上にいるすべての生物を照らしてくれている存在は唯一無二ですよね。
お日様の光をあびると体内時計がリセットされるうえ、網膜に光を早く感じれば感じるほど、「セロトニン」という、気持ちが前向きになれる物質が多く分泌されるそうです。だから、毎日早起きして、朝日をあびることができたなら、それだけ、元気で前向きなエネルギーをチャージできるのです。

元旦にはりきって早起きして、初日の出を拝んだときのことを思い出してみてください。お日様って、こんなにも神々しいものなのだな、と感動した経験は誰にでもあるのではないでしょうか？　この感動を毎日楽しんでしまいましょう！

太陽の光を自分に取り込む、元気が出てくる超簡単な習慣

天気がいい早朝、私が儀式のように続けている習慣で、元気が出るとっておきの方

法をお伝えします。名づけて「太陽電池エネルギーチャージ法」。やり方はきわめて簡単です。

ステップは4つ。

1 早起きする。

2 外に出て、朝日に向かって立つ。
（川辺やベランダなど、見晴らしのよいところだとさらに効果的）

3 目を閉じて、自分があたかも太陽電池になったように、足先から徐々に太陽エネルギーが、ぐんぐんと身体に入ってくるようイメージする。

4 頭のてっぺんまで太陽のエネルギーが身体に充填された、と感じたら終了。

こうやって太陽のエネルギーをチャージすると、不思議と元気が出て、ちょっとした出来事、たとえば川辺のひんやりした風を感じただけでも幸せな気分になり、感謝の気持ちがわいてきます。1日を前向きにすごせるうえに、なぜか夜もぐっすり眠れるのです。

これは、気持ちがいいので自然とやっていた習慣だったのですが、脳科学的にもよいことだと、脳科学者の黒川伊保子さんの講演で教えてもらいました。

寝起きをつかさどるホルモンには2つあります。「メラトニン」（通称睡眠ホルモン）と、先ほど紹介した「セロトニン」（通称覚醒ホルモン）です。早朝、網膜が朝日を感じると、セロトニンが分泌されます。このセロトニンが、元気や充実感の源。ワクワクして、意欲を失わず、おだやかな達成感を生むもととなるそうです。また、セロトニンが朝十分に分泌されることで、上質で深い睡眠をつかさどるメラトニンが、夜、活性化されるとのこと。

長年続けていた習慣に、こんな効果があると知り、ますます早起きが楽しくなりました。簡単ですぐ効果が出るのでぜひ、お試しください！

手帳を使って、身体のリズムをあらためて見つめ直そう

「睡眠時間を絶対8時間以上とらないと頭が働かない。8時間睡眠するためには、夜、ものすごく早く寝ないといけないから、私には早起きは無理」「早起きに憧れて、何度も挑戦するんだけれど、私はやっぱり夜のほうが仕事がはかどる」――。

こんなご意見を、これまで何度もいただいてきました。

私は、早起きのために短時間睡眠を推奨しているわけではありませんし、夜型がダメだ、と主張もしてはいません。

人により、最適な睡眠時間はまちまちです。体質的にどうしても長時間睡眠をしないと生活が成り立たないという方に、無理に短時間睡眠をおすすめするつもりはあり

ませんし、夜型の方に、朝型を強要するつもりもありません。

でも、もしあなたが少しでも「朝型になりたい！」と思うのであれば、一度自分の身体を見つめ直してもいいのではないかと思います。

その際に有効なのが記録することです。たとえば、毎日もち歩く手帳に、自分の体調、睡眠時間を定期的に記入してみましょう。

この記録から、自分がどんなとき、どうなるのか、という傾向を客観的にながめることができます。本当に自分は8時間睡眠でないと頭が働かないのか、もしかしたらほかの要因もあるのではないか。6時間睡眠をしたら、お昼の何時くらいに眠くなるのか、などなど、身体の声を、一度きちんと検証する時間をもってみるのもいいのではないでしょうか。

私の場合でいえば、子どもが生まれる前は最低睡眠時間6時間で毎日をすごしていましたが、ハードな運動をしたときや、仕事が忙しかったときなどは、6時間ではきつい場合がありました。

また、疲れているときや、お昼に食べすぎてしまったときは、午後2時くらいに眠くなるのがわかっているので、1日を全力で駆け抜けたいときは、お昼はごく少なめにしたり、場合によってはスープだけにして調整するようにしていました。

子どもが小さい現在は、夜8時半に眠る子どもに合わせて、9時くらいまでには一緒に寝てしまいます。夜中にたまに子どもが起きたときにはミルクをあげますが、だいたい朝4時までぐっすり寝てくれるので、私も朝4時まではたっぷりと寝ます。4時に息子が起きてからは、ミルクをあげるとだいたいまた朝7時まで寝てくれるので、この時間を家事や執筆などをすませる時間としています。

このように、睡眠時間とともに体調をきちんと手帳に記録しておくことによって、自分のリズムを意識して、パフォーマンスを最大限に発揮することも可能になるのです。

朝時間でココロを超回復させよう

ランニングや筋トレをすると、筋肉が一度壊れ、そのあとしばらく休むことでもとに戻る、もとに戻った筋肉は、前の状態よりもさらに強くなることを「超回復」とよぶそうです。

ランニングに夢中になると、ついつい毎日長距離を走りたくなりますが、筋肉がまだしっかりついていない初心者の場合は、毎日限界まで走るよりも、むしろきちんと休んで1日おきに走るほうが、超回復効果で筋肉が鍛えられ、トレーニング効果が高いとのこと。

練習は毎日がんばるほうがいいと思い込んでいた私は、この話を聞いて驚きました。

先日、ランニングしていたとき、筋肉の「超回復」は心にもあてはまるのではないか？と思いつき、ＳＮＳで次のようにつぶやいたところ、「よい例え」「超納得」「いまの私に必要な言葉」など、好意的な反応をいただきました。

ココロも超回復するよね

ランニングとか筋トレして筋肉が一度壊れたあと、しばらく休むと強くなって元に戻るのを「超回復」というみたいだけど、ココロも一回壊れて休むとますます強くなるよね。へこんだら、「今が超回復のチャンスだ！」と思うとなんか気分が晴れそうだから今度使おう～。

私は、朝の時間はとくに「ココロの超回復」に役立つのではないかと思っています。

ずーっと限界まで悩んだりしないで、壊れたらしっかりと休むこと。どんなにつらいことがあっても、毎朝必ずお日様は昇ってきます。

つまり、朝日は必ずまた戻ってくる（回復する）のです。これ以上ぴったりの時間はありません。

「明けない夜はない。だからさっさと寝ちゃって明日考えよう！」とわりきることができたなら、つらい出来事はすべて、もっと強くなれる「超回復」のチャンスだと思えてきますよね。

日が短くなったほうが、早起きしたぞ！の実感が得やすい

一般的に、日が長くなる春夏のほうが早起きがしやすいといわれています。秋冬はあたたかい布団から抜け出すのはおっくうですし、外が暗いと目覚めも悪くなるとい

うイメージがありますよね。身体のリズムを考えれば、秋冬は早起きが難しい季節だといえるでしょう。

でも、じつは早起き初心者さんにとっては、冬場のほうが早起きができたときのうれしさ、楽しさを実感しやすいのです。なぜなら、日が短いからこそ、ものすごく早く起きなくても「朝」を実感することができるからです。

早起きの醍醐味は、夜と朝の境目を体感できること。だんだんと空が明るくなっていき、まるで地球全体が目覚めるような瞬間に立ち会うことができるのは、早朝ならではのよろこびです。

「朝と夜の境目」は、毎日新しい自分にバージョンアップしたような気分を連れてきてくれます。

そんな瞬間に立ち会うには、真夏なら朝4時起きをしなければなりませんが、冬なら、朝6時ごろでも間に合います。そう考えたら、秋冬の早起きもいいな、と思いませんか？

早起きのよさは、朝に十分な時間が取れることだけではないのです。空気がピンと澄んでいる、夜明けのドラマティックな風景をぎゅっと凝縮して見られるのも、秋冬ならではの朝の楽しみ方なのです。

整体で気づいた、朝イチの姿勢シャキ！の効果

産後、骨盤が開いたままだと体形が戻らないうえ、姿勢にもよくないと聞き、初めて「整体」に通い、骨盤矯正をしてもらうことにしました。

身体全体を診てもらったところ、骨盤だけでなく背中が猫背気味なこと、足がガニ股気味なことも気になり、いっそのこと全部治そう！と、しばらく集中して週に一度

通いました。

おかげさまで、正しくてキレイで美しい姿勢というものがどんなものかを教えてもらい、肩こりもとれて本当によいことばかりでした。整体ってすごいですね。

整体を受けて気づいたのが、やはり朝の効用です。朝イチで姿勢を意識することで、1日の意識が大きく変わるということでした。

整体の予約時間は朝イチでお願いしていました。整体の先生も、たくさんの人を診てきて夜になればきっと疲れているはず。朝イチなら、掃除したてのキレイな院内で、先生からもみなぎるエネルギーをいただけるような気がしたからです。

朝イチ予約の理由は、それだけではありません。朝に身体を整えてもらうと、1日その「型」がぴたっとはまる気がして気持ちよいのです。夜はリラックスモードでダラダラと、あとは寝るだけという気分になりますが、朝ならピシっと決めたらそのピシっとした「型」をできるだけ維持しようという気になります。それが朝の気分にぴったりなのです。

姿勢がよくなると、目線が高くなるので見える景色も変わります。また、うつむくように下を見るのではなく、つい上を見たくなってしまうので、いつもの景色なのに、何かべつの景色を見ているようで楽しくなりました。

なかなか整体に行く時間はとれない……という方は、朝、自分の姿勢をちょこっと意識して、正しい姿勢を守ろう！と思うだけでも、だいぶ１日のすごし方が変わってきますよ。

夜とはまた違った風情が楽しめる早朝月見のすすめ

ふつうは、お月様は夜見るものだというのが常識ですが、じつは、早朝に見る月もいいものです。

私が、「早朝月見」のよさを発見したのは、2010年1月の元旦のことです。朝4時すぎ、私は家の窓から部分月食を見ていました。その年はめずらしいことに、元旦に部分月食があって、しかも、元旦と1月31日の2回、満月が通称「ブルームーン」だったのです。

空気が冴えわたる早朝、すべてがしーんと静まり返ったなかに浮かぶ月は、クリアな輪郭で1年のはじまりを静かに照らしていました。周囲のざわざわした喧噪がないぶん、明かりが心にしみいるように感じたのを覚えています。

元旦ではなくても、朝日があがってきたころの、青空とともに見える月にはえもいわれぬ風情があります。

ともすると雲と間違えてしまいそうな、淡く白い月。光と影の差が、夜ほどはっきりしていないため、月の表面がなめらかに見えてまた格別です。いろいろな月の表情をながめられるのも、早起きしているからこそ。

朝日が昇ることによる空の変化も楽しいですが、空の変化とともに変わる月の様子を観察するのも、時間がたっぷりある朝ならではの贅沢。

早朝から美しい月が見られる贅沢を味わうと、心静かに、今日も１日がんばろうという気持ちがわいてきます。

朝イチのよい言葉は、１日を楽しくすごせるポイント

私は、限られた時間のなか、工夫しながら楽しくすごしている女性を「時間美人®」と名づけ、インタビューして記事にする仕事をしています（池田千恵公式サイトで連載中です。「池田千恵　時間美人」で検索してみてください）。

仕事や家事で忙しい毎日のなか、段取り力や決断力をどうやって身につけているのか、さまざまなノウハウをみなさんおもちなので、インタビューする私のほうも勉強させてもらっています。

「時間管理」と聞くと、厳しく自己節制している、というイメージをもつ方も多いかもしれません。

でも、「時間美人®」さんたちは、厳しく自分を律するというよりも、発想を転換して、楽しくないことも楽しくしてしまう人が多いのです。それも、無理矢理ポジティブに思い込んで、がまんしたりするのではなくて、そう考えるほうが楽しいから、心地よいから、そんなふうに自然に発想転換できているのです。肩に力が入っていないんですよね。

彼女たちの特長の1つは、言葉の使い方です。気分がよくなる言葉を使うことが上手なので、彼女たち自身も、まわりの人たちも、気持ちが上向きになるのではないでしょうか。

たとえば先日、私の仲のよい友人が、雨の日にこんなメールをくれました。

「お肌しっとりお天気だね」――。

「今日は雨でユウウツですね」なんていうあいさつより、「お肌しっとりお天気ですね」なんて言われたら、朝からうれしい気分になりますよね。天気をネタにしたあいさつは、朝イチにすることが多いけれど、その日最初にかけられた言葉1つで気分がこんなに変わるものか！とびっくりしました。

また、別の友人は真夏日のことを「今日は天然無料サウナ入りたい放題の日だね！」と言っていて、それを聞いた瞬間、一瞬で蒸し暑い気分が吹き飛びました。

ちょっとした言葉遣いで、気分は大きく変わるものです。朝の天気をポジティブに形容する練習をしてみませんか？　誰かの1日を楽しくすることができるかもしれませんよ。

コンプレックスは隠すより活かす！
朝見える欠点をどう活かせるか考えよう

朝の光は、気持ちいいものである反面、とくに女性にとっては、お肌のしわやくすみ、髪のうねりを目立たせてしまう怖い存在でもあります。でも、こんな考え方もできます。「外見のコンプレックスがありのままにさらされる朝だからこそ、このコンプレックスを活かす方法はないかな？」

私が長年お世話になっているヘアスタイリスト、kenichi さんは、本人がコンプレックスに感じていることを強みに変える天才です。

じつは私の髪は頑固なくせ毛で、長年コンプレックスに感じていました。雨の日はうねるし、ツヤはなくまとまりにくいので、いつも縮毛矯正でストレートにするか、パーマをかけて欠点を隠すようにしていました。

美容院でも、このくせ毛のことを伝えて、できるだけ目立たないようにしてもらうのがあたりまえだと感じていました。

しかし、kenichi さんはそれまでのスタイリストさんとは違っていました。「千恵さん、すごくいいウェーブがでるくせ毛だから、切り方を工夫して活かしてみましょうよ」と言うのです。

そこで kenichi さんを信じてお任せしたところ、くせ毛風パーマのようなニュアンスがでる髪形を、しかも再現性があるものとして仕上げてくれました。そのうえ、ストレートにしたいときは簡単にブローできるようにもしてくれたのです。

この魔法により、昔は嫌で仕方がなかったくせ毛が、いまは自分をかたちづくるたいせつな個性だと思えるようになりました。

このように、一見、自分がコンプレックスに感じることだって、見せようによっては素晴らしい個性であることも多くあります。

あなたも、朝の「欠点がしっかり見える」時間を逆手にとり、その欠点をどう活かすかを考えてみませんか？　幸い、朝は前向きになれる時間でもあります。建設的な答えがきっと浮かぶはずですよ。

早起きをすると空腹になる……上手な小腹の満たし方

「早起きすると、そのぶん早い時間に朝食を食べるので、ものすごくお腹が空いて、お昼までもたない」、そんな声をよく聞きます。

たしかに、お腹は空きますよね。食事をとるのが朝5時ごろだとしたら、すでに11時にはお腹がグーっとなってしまいます。時間の融通がつけやすい方なら、11時ぐらいから早めのランチをとることもできますが、仕事やライフスタイルによってはなかなか難しいこともあるでしょう。

そんなときの対処法として、私は2つの予防策を考えています。

◯朝ご飯をしっかり、よくかんで食べる。
◯小腹が空いたときは、歯ごたえがあるものや無糖の炭酸水でお腹を満たす。

私の朝の定番は、玄米ご飯です。玄米ご飯はきちんとかまないと消化によくありませんが、朝ならゆっくりかむ余裕もあります。あごを動かすことで脳にしっかり酸素と栄養が行きわたり、シャキッと目覚める感覚も好きです。眠気防止にガムをかむ人がよくいますが、まさにそれに近い感覚です。目覚めによいうえ、食物繊維が豊富なので、腹もちもよいのです。
玄米ご飯が苦手な方は、たとえばペンネやごぼうサラダ、豆料理など、歯ごたえや食べごたえのある朝食を用意するといいでしょう。

それでもお腹が空いてしまう、そんなときは、スナック菓子などはなるべく避けて、ナッツ、むき栗、ドライフルーツ、こんぶなど、素材の味を楽しむものを少し食べたり、無糖の炭酸水を飲んだりして空腹をまぎらわすのが、身体にもいいようです。

ポイントは、腹もちがよくて、肥満につながらないこと。
小腹をどんどん満たしたことで、カロリーをとりすぎてしまったり、お昼休みになってもランチが食べられなくなってしまうようでは、せっかく早起きしても生活のリズムが崩れてしまいますからね。

毎朝自分が生まれ変わっていると思えば、健康習慣も続けられる

「一年の計は元旦にあり」といわれるように、一般的に、「早起きしたい」「健康に気をつけたい」などの、習慣にかかわる決心を固めるのは、新年が多いですよね。でも、年の初めに「今年こそ！」と思った健康によい習慣も、３～４カ月もすぎると、「まあいいか」という気分に流されて心が鈍ることもあるでしょう。

そんなときは、「毎朝、私は生まれ変わっている」とイメージして、昨日までの自分をリセットしてみませんか？

目覚めるたびに、自分はリニューアルされているんだと思えば、ついついあとまわしにしがちな健康習慣を復活させることができます。

ポイントは、朝イチで、自分の身体のなかで起きるさまざまな反応を、よいイメー

ジで満たしていくこと。「健康のためにやらないといけない」ではなくて「目覚めてすぐのフレッシュな身体をキープしたい！」「気持ちいいからやりたい！」と意識を転換することができますよ。

たとえば私は、朝起きて水を飲むとき、こんなイメージを心に浮かべます。

水分がからっぽの胃にしみわたり、細胞1つひとつまでみずみずしさが行きわたって、自分の身体を元気にしてくれる——。細胞が水で満たされて、新しい身体に活力がみなぎってくる気がします。

水が満たされるぶんだけ、水分を絞っておくイメージで、スポーツジムのミストサウナや岩盤浴で、朝イチから汗を流すこともあります。このときは、汗と一緒に自分のあらゆる「よからぬもの」、つまり、不安な気持ちや、イライラ、ドロドロとした煩悩が、すべて毛穴から流れ出るようなイメージをしています。

心からも身体からも、いらないものを出してしまって、フレッシュなものをどんどんとりいれましょう。

これを毎朝繰り返すことで、毎朝生まれ変わることができるのです。

第3章

仕事に余白をつくる

大量にたまったメールの返信、突然のミーティング、クレーム処理などなどで、朝からてんてこ舞い。

あれも、これも同時にやらなくてはいけない。冷静になるんだ、落ちつけ私。でも、そんなときに限って、上司から「いますぐやって！」なんていう仕事が降ってくる。

ついムカっときて「できません！」と断ってしまった。

あとで考えたら、あそこで「できません」なんて言わなきゃよかった。テンパってなかったら、ちゃんと手順を上司に聞いて、優先順位をじっくり考えることもできたのに……、と落ち込む。


そんな悩みも、早起きすればなくなります。朝の時間で余白をつくり、きっちりと段取りを考えることができるからです。

これまでの失敗や反省、今後の展望や計画を、朝あらためて書き出して、仕事のシミュレーションをきちんとすませておけば、急な出来事にも落ちついて対処できるようになります。

気持ちに余裕があると、「こう言われたら、相手はどう思うかな？」と、ちょっと立ち止まることもできるから、「できません！」「いま忙しいんです！」なんて言葉も出てこなくなります。余裕があるので、相手に対しての細かな思いやりの気持ちも生まれるようになるのです。

この章では、朝を「自分への投資の時間」としてとらえ、どんな準備をすればよいかについて、また、自分の意思だけではつくれない余白を、どうやってつくっていくかについて紹介します。

残業体質の会社でも余白をつくるのをあきらめない

「私の会社は残業体質だから、そもそも早起きなんて無理」と、あきらめている方もいらっしゃるかもしれません。でも、あきらめる前に、もしかして必要のない残業をしているのではないか？　自分が変われば、残業は減る可能性があるのではないか？と、朝の時間に立ち止まって、考えてほしいのです。

その際、考えるポイントは大きく２つ。

○「指示待ち残業」をしていないか。
○自分なりの「見極めポイント」をつくっているか。

「指示待ち残業」とは、あなたがきちんと確認さえしていれば防げたはずの残業です。

たとえば、上司に企画書作成の指示を受けたときに、何に使うか、いつまでに使うかなどを確認しなかった。そのまま、上司が出かけてしまい、帰社してチェックしてもらうのに3時間後まで待ち続けた……そんなことのないようにしましょう。

「見極めポイント」とは、自分のなかで「これでよし」という基準をきちんと決めているかということです。仕事は、時間をかければかけただけいいものができるとは限りません。自分なりの基準を決めておかなければ、いつまでたってもダラダラ残業から逃れることができないのです。

とはいえ、「見極めポイント」を設定するのは難しいもの。だからこそ、朝の時間なのです。

ほかの業務に邪魔されない朝に、自分の過去の成果を振り返ってみましょう。見切り発車をしてうまくいかなかった事例、わりきったおかげでうまくいった事例を、経験値として積みあげていきます。これを繰り返すと、徐々に見極めポイントが見えてきます。

朝シミュレーションを行うだけで、心に余白が生まれます。心に余白がある人は、仕事に対する取り組みもていねいになります。ていねいな仕事は好感がもたれ、評価もあがります。評価があがれば、信頼が増し、発言力も高まります。

「自分締め切り日」をつくって、宣言しよう

残業体質の会社でも、余白をあきらめないコツをもう1つ。相手の締め切り日のほかに「自分締め切り日」をつくることです。

「今回は余裕があるな」と思ってのんびりしてしまったときほど、直前になって突然の事態が起きたり、割り込み仕事が生まれたりと、バタバタしてしまうことが多いですよね。バタバタすると、本来ありえないような凡ミスをしてしまったり、不本意な

資料を提出したりと、よいことがありません。

ですから頭のなかで「自分締め切り日」を数日前倒しで設定し、残りの1〜2日は予備日にすることを心がけましょう。

ただし、頭で思っているだけではなかなか実行できないのが実情。だから私は、なるべく相手に期限を宣言してしまうようにしています。

「だいたい、今月の中旬ぐらいに戻してね」くらいのゆったりとした締め切りのときでも、「ハイ」とそのまま受けて終わりをあいまいにせずに、「では、15日に戻しますね」と宣言してしまいます。すると、宣言した手前、その約束を破ると自分がすごく恥ずかしい思いをします。そのプレッシャーを前向きに利用するのです。

「○日までにお返事します」と自分で決めることで、相手次第だった日程の調整も、自分が主体的に決めたんだという気持ちになることができます。

仕事ばかりでなく、気乗りしないイベントの誘いを断るときも、なるべく早く連絡します。どんな言い訳をしようかと迷っている間にも、相手は、あなたが来るか来ないかわからないので、人数の調整ができず、困っているかもしれません。「予定が入るかも、入らないかも」と相手を不安にさせないのも、また思いやりです。

なんでも主体的に、早めに返事をして日程を決めるクセを少しずつつけていくことが、自分の時間も、相手の時間もたいせつにすることにつながるのです。

朝を「俯瞰」の時間にしよう

先日、講演先で次のような質問をいただきました。

「私はフリーランスのライターとして仕事をしつつ、教室も運営しているのですが、仕事の性質上、先方の都合次第で夜中まで仕事になったり、早く終わったりと時間がまちまちで一定していません。そんな場合でも、決まった時間に早起きをしたほうがよいでしょうか」

私からの回答として、おおよそ次のようなことをお話ししました。

〈週単位ではめちゃくちゃだと思っても、1カ月とか3カ月とか、長い目で見ると、一定の傾向があることが多いはず。

〈まずは書き出して傾向を把握しましょう。

〈そのうえで、比較的時間に余裕があるときだけでも、早起きをしてみましょう。

ポイントは「書き出し」「俯瞰(ふかん)」「早起きの定義づけ」です。

相手の都合が優先で、自分の時間が決められないこと、たしかにストレスですよね。でも、そんななかでも方法はあります。

1週間単位ではめちゃくちゃなスケジュールだ、と思っていても、1カ月単位、3カ月単位と広い視野で俯瞰してみると、何かしらの傾向が読めてくるものです。たとえば、毎月来る定期的な締め切りが終わると、ちょっとだけほっとする時間はあるな、とか、教室に来てくれるお客さんを見てみると、月末よりは「今月こそがんばろう！」と思って月初に来るお客さんが多いな、とか……。

まずは、傾向を俯瞰して見ることができるよう、忙しさの波を書き出してみることをおすすめします。そして、「波が少しマシなときだけ、早起きしよう」と決めるだけでもだいぶ違うのではないでしょうか。

早起きは「目的」じゃなくて「手段」です。一定の時間に毎日起きることが「早起きの成功」だと思い込んでしまうと、1日失敗しただけで総崩れになりますが、「余裕がある日の前後だけ、早起きしよう」と決めれば、それがあなたの早起きルールとなりますよ。まずはあなたの「定義」を決めるところからはじめましょう。

気持ちが乗らないときは、細々した事務作業を朝終わらせてリズムをつくる

この章のはじめに、朝は「投資」の時間にあてるとよいとお伝えしました。ただし、「自分への投資」という行動は、将来の根幹にかかわるような重要なものが多く、とりかかるのに心理的な負担があるので時間がかかってしまうことも。

そんなときは、ふだんはついあとまわしにしがちな単純作業の、「いつかやろう」と思っていることをやってしまい、勢いをつけるのも手です。

とりかかればすぐ終わってしまうのに、なんとなくあとまわしにしているようなことをピックアップしてみましょう。たとえば経費計算や伝票整理、売上確認など、疲れた頭ではミスしてしまいそうなことを、朝にもってゆくのです。

単純作業というものは、夜、仕事がひととおり終わったあとや、月末にまとめて一気にやってしまう人も多いでしょう。でも、単純作業とあなどるなかれ、夜の疲れた頭で行うと、ありえない凡ミスをしてしまうこともあります。１つ計算を間違えるとすべてが狂ってしまうので、せっかく早く帰ろうと思ったのになかなかまとまらず、かえって残業が増えたり……。

私も会社員時代、金曜日の夜に、今週はどのプロジェクトに何時間かかったかをまとめて書き込むようにしていたのですが、ぐったり疲れた頭に、この計算はけっこうヘビーで、何度か計算を間違えたり、飲み会までに急いでやろうと思って雑になったりして、５分で終わるはずのものなのに30～40分もかかってしまうことがありました。

このような、やらないといけないけど、ついあとまわしにしてしまう、そんな仕事こそ、朝の時間です。えいっと思いきってカタをつけてしまいましょう。終わったスッキリ感から勢いがつき、今日は残業して交通費精算をやらなきゃな、といったブルーな気持ちもなくなるので、1日がスムーズにまわるようになりますよ。

予定が決まった順に、機械的にスケジュールを埋めない

「なかなか余白がとれない」と思ってしまう方は、予定が決まった順に、どんどんスケジュールを埋めてしまってはいませんか?

相手から申し出があった予定を、そのまま、受けた順にとりあえず手帳などに記入していくと、時間がいくらあっても足りません。予定は決まった順番ではなく、あなたが、すべきこと、すべきでないこと、すぐやるべきこと、あとでいいことを判断し、その重要度順を考えてスケジュールに並べるよう心がけましょう。それだけで、あなたの時間や心の余裕は確実に増えます。

とはいえ、会社勤めや家事や育児で忙しいなか、そんなのいちいち無理！と思われるかもしれませんね。そんなときこそ、朝の時間を使ってものごとを判断する訓練をするのです。

朝9時以降の忙しい時間がはじまってからは、どれがすぐやるべきこと、どれがあとでもいいこと、などを判断している暇さえなく、どんどん予定を受け入れてしまいます。しかし、誰にも邪魔されない朝の時間なら、今日の仕事のなかではどれが緊急なもので、どれが時間をかけていいものかを、ゆっくり判断できます。

頭がクリアで判断力が冴える朝だからこそ、行うことができる訓練ですが、これを続けていって習慣化すれば、朝9時以降の「降ってわいてくる相手次第の予定」にも、だんだん主体性をもってのぞむことができるようになってきます。

主体性をもって予定を判断していくために効果的なのが、予定表を色分けしていく方法です。たとえば信号機を思い出してみてください。赤、といったら、すぐに「止まれ」だな、と直感的に連想することができるでしょう?

それと同じように、それぞれの予定を、意識的に異なる色を使って書き出すと、判断スピードが速まります。

たとえば私の場合は次のように色分けしています。

- 種まきの赤（家族・メンター・親友との予定）。
- 食いぶちの緑（仕事全般）。
- 日課の青（日々のルーチン作業）。
- 思いつきの黒（自分以外にもできること）。

色分けのおかげで、アポの電話やメールが入ったときに、瞬時に「これは赤だな」「緑だな」と判断できて、あとから手帳などを見返すときには、その色に応じた対応をしています。

物事の判断スピードが速くなるので、結果的に自分の時間が増えるのです。

夜の楽しい余白のためにデッドラインを逆算する

今日は、ずっと気になっていた彼（彼女）と、やっとのことでとりつけたデート。夜7時に銀座で待ち合わせ。移動の時間を考えたら、なんとしても6時半には会社を出たい。

そんな状態のときの集中力は、ふだんとはくらべものにならないものでしょう？デートに遅れたら、そのぶん、彼（彼女）とおしゃべりする時間が減ってしまう。脇目もふらずに、〝話しかけないで〟オーラを醸し出しながら、業務を時間どおりに終了しよう！と本気になるはずです。

人は「○○しないといけない」（義務）より「○○したい！」（願望）を優先する生

きもの。だから、一見、ヨコシマな願いをニンジンにして、集中力を維持してもいいのです。それで仕事がはかどるのなら、結果オーライ。

「必ず○時までに終わらせよう！」という集中モードは、早起きをすることで、強化することができます。たとえば、「今日は6時半には退社するぞ！」と目標が定まったら、朝から始業時間の9時までは、どうやったら仕事が終わるかという「戦略を練る」集中モード。昼は、朝立てた戦略に従って、「バリバリ仕事をする」集中モード。夕方は朝の戦略の「総仕上げ」集中モード。

こうして、集中モードを増やしていき、それが次々にクリアできると達成感が生まれて、だんだん楽しくなってくるのです。バリバリ仕事、総仕上げも、もちろんたいせつですが、いちばん重要なのは、すべての計画をつかさどる朝の集中モードです。

「朝9時までに」「夜6時半までに」という、集中モードのデッドラインを意識的にたくさん設定して、それに間に合わせることができたときには、いいことが待っている！という状況をつくりましょう。ダラダラと時間を浪費することが少なくなります。

ごほうびがあることで、朝、すべきことの全体像を把握し、適切な時間配分を意欲的に考えることができるようになるのです。

ただ早起きしているだけで、勝手に信頼がついてくる

私は会社員時代、出社前に会社近くのファミレスで、頭や心を整理してから出勤することを日課としていたので、遅刻とは無縁でした。たとえ台風や交通遅延など、ふつうなら遅刻しても仕方がない状況でも、必ずいつもどおりに出社することができていました。

ただそれだけのことなのに、「あいつは、何があっても必ずアサイチにいるやつだ」と上司が認識してくれます。それだけで「しっかりしている」という評価をもらえて

しまったのです。

ある大雪の朝、遅刻とは無縁の私は「たぶん交通マヒで遅刻する人が多いんだろうな」と思いながら、ちょっと早めに出社をすると、案の定、部署には「遅刻します」の報告電話がたくさん。上司はその対応だけで、てんてこ舞い。部下は私しかいないので、その日の重要なプロジェクトの進行確認の電話も手伝うことになりました。

「確実に、この人は遅刻しない、と思ってもらえるだけで、信頼ってついてくるんだなー」と、そのとき私は実感したのです。

もちろん、電車遅延などはやむをえない事情です。電車遅延まで遅刻あつかいにする会社がよい会社であるわけはありません。だから、遅刻をしないために早朝出社をしましょう、といった考えを強要するつもりは、まったくありません。

でも、会社側としては、どんな事情があれ、社員に業務を確実に遂行してもらわないといけないわけですよね。お客様がいらっしゃる限り、どんな事情があっても納期に間に合わせるのが仕事です。その目的がわかっていたら、どんなときでも遅刻をしない社員は、ありがたいんじゃないかなと思うのです。

時間を守る、遅刻しないだけで、確実に相手の信頼を勝ち取ることができる。そう思ったら、世の中って、意外とカンタンだなー、と思えてきませんか？

余白は「30分前行動」でつくれる

自分の仕事の生産性は、相手にゆだねる時間を最小限にすることで決まります。ふだんの仕事や生活で、時間が読めないので仕事が先に進まない、なぜ読めないかというと相手次第だから――ということは、たくさんありますよね。だからこそ、「自分が読めない時間」を最小化することが、余白を確保するためには必要となるのです。

乗っていたタクシーが渋滞に巻き込まれる、突然急ぎの仕事を振られる、相手のメールの返信が締め切りをすぎても来ない、などなど、自分にとって予定外なことが起きれば起きるほど、心は乱れますし、仕事の生産性にも影響がでてきてしまいます。

時間が狂ったおかげで、打ち合わせや商談に遅刻してしまえば、あせるうえに「すみません」と謝るところからスタートするので、話をする前から不利な立場になってしまいます。

このような事態を防ぐために、私は、日々「30分前に行動」の意識でものごとを進めるクセをつけています。

社外で打ち合わせがあるときは、基本的に30分以上の余裕をもって待ち合わせ場所に向かいます。あらかじめ、待ち合わせ場所近くの喫茶店をリサーチし、ひと息ついて、落ち着いて資料にもう一度目を通します。打ち合わせ内容の再確認ができ、自分が伝えたいことや聞いておかなければいけないことの整理もつきます。

この習慣のおかげで、突然の電車遅延や渋滞に巻き込まれても、遅刻することはほぼありません。たとえオフィスを出るまでに、やりかけの仕事が残っていたとしても、移動先近くに着いてから、間に合わなかった仕事を進めればいいだけの話です。持ち出した仕事が出先で終わらないことはしばしばですが、遅刻してしまうよりはるかによいと思います。

さらによいのは、30分前に待ち合わせ場所に着けるように、その前の仕事を終わらせておくよう逆算することを習慣化すれば、ムダな時間はますますなくなります。「30分前に行動」という意識が頭にあることによって、仕事の段取り力もつくようになるのです。

気持ちに余裕が生まれるので、自分の思いどおりにいかない出来事にイライラしたり、まわりに八つ当たりしたりすることもなくなりますよ。

朝の社内交流が会社の雰囲気を変える

「朝活」という言葉が広がりはじめた２００９年当初は、「朝活とは、出勤の前に、社外の人と勉強会などで交流をはかる」といったものが主流でした。しかし最近では、「朝」を「社内」の交流にあてて、成果を実感している会社もあります。

リサーチ会社のマクロミルでは、社内交流と健康増進のために、「シャッフルモーニング」という朝食企画を開催しています。このタイトルには、社員同士を「シャッフル」するという意味を込めているそうです。

ふだんはあまり交流がない別の部署の人ともコミュニケーションがとれるよう、たとえば「１９××年生まれの人」や「○○線沿線に住んでいる人」などのテーマを決めて、社内のイントラネットを通じて参加者を募集。朝食の席では、同じ部署同士などで固まらないように配慮して、美味しい朝食とともに気軽な交流をはかっているそうです。

朝食には、海外セレブや芸能人の間でも人気のコールドプレスジュースや、野菜ソムリエがつくる野菜たっぷり朝カレーなど、疲労回復や風邪予防などにも効果のあるメニューを考案し、提供はケータリング会社と協力して行っているとのこと。

もともとは、社員数が増えたことにより、同じフロアでも話したことがない人がいる、といったことがきっかけでスタートしたこの企画。いまでは、部署を超えたコミュニケーションが活発になったという効果もあるそうです。また、朝早起きなんて無理、と思い込んでいた社員も、シャッフルモーニングに参加することで早起きの気持ちよさに目覚め、「朝って楽しい！」と気持ちが切り替わって、会社全体も徐々に朝型になってきているそうですよ。

夜の飲み会でのコミュニケーションより、朝のシャッフルモーニングがこれから主流になっていくかもしれませんね。

「なぜ」を自分に問うことで「ゆでガエル」を阻止する

「ゆでガエル現象」という言葉を知っていますか？　ゆるやかに温度があがる水のなかにカエルを入れると、温度の変化に気づかないうちにゆであがって、死んでしまう——という、ものの例えなどで使われる表現です。

人や組織もゆっくりした環境の変化には気がつきにくく、気づいたら致命的な状況にいたって、逃げられなくなっていた、そんなときこそ、まさに使われる隠喩でしょう。

「いつもやってるから」

「あたりまえでしょ」

「そういうことになっている」

こんな言葉が自然に口から出てきたら、もしかしたら「ゆでガエル」の思考に陥っているサインかもしれません。

朝は、「なんとなく」でやりすごしていることを、あらためて見直すことができるたいせつな時間です。

夜は、昼間に頭を酷使して疲れているので、自分の行動を振り返るのはしんどいですよね。だから私は、がんばった自分を夜は解放して、何も考えずにパーッとリラックスするようにしています。その代わり朝は、ふだんは考えるのがめんどうくさくなっていることや、あたりまえすぎて考えることすらしなかったことを、腰をすえて振り返る時間にするのです。

整理整頓の例で考えてみましょう。そもそもどうして整理するのかというと、モノを見つけやすくするためですよね。つまり、モノを見つけやすくする、という目的が達成できれば、じつは整理する必要はないのかもしれません。

たとえば、デスクトップがちらかっていても、自分さえ見つけやすい名前をつけておけばそれで問題なし――というのが、朝の発想です。ところが、整理すること自体がゴールになってしまうと、いかにキレイに整理するかにこだわり、かえってモノが見つけづらくなってしまう――これが、疲れた夜にやりがちな行動です。

このような、「そもそも」の部分を、朝の時間で探ってみませんか？

かんたんなことからで大丈夫。朝、支度をする手順は、なんとなくやっているけど、はたして何が本当に必要かな？　そんなふうに立ち止まることで、毎日が少しずつよくなるかもしれません。

いま「大好きなこと」を自由にできている人が、そうなる前にしていたこと

いまの仕事をこのまま続けていいのだろうか……。

まわりの人たちは大好きなことを仕事にできているのに、私はできていない……。

と、ふと不安になるときがあるかもしれませんね。

私は、いま好きなことを楽しくやって結果を出している人は、そこまでにいたるプロセスのなかで、次の2つの経験をしているのではないかと思います。

◯このままではダメだ、という健全な危機感を覚えたことがある。

◯いま、目の前の仕事を一生懸命やりきる素直さをつちかってきた。

つまり、いま楽しい人だって、最初から楽しいわけではなく、あせったり、がまんをしたりして、じわじわと楽しさを育てていったのではないのかなと思うのです。夢中になってできる仕事を最初から探すのではなく、いまの仕事をまずは夢中になってやってみる。そのためには、つらいことも楽しく思考転換する力が欠かせません。

「大好きなことを仕事に」「自由に生きたい」

声に出さなくてもそう思っている人は多いし、実際に大好きな仕事をして、自由に生きている人はたくさんいます。私のまわりにも多いです。でも、そこにいたるまでのプロセスで、ずーっと、最初から大好きなことを自由にやっていた、という人は、一部の天才や運がよい人を除きほとんどいません。

大きなゴールが「大好きなこと」でも、そのプロセスには「大好きでないこと」が混じっています。ここを見落としてしまうと、いつまでも青い鳥を追いかけて何も結果を出せない人になってしまう――私はそう思います。そこにいち早く気づいて、「わー！　このままじゃ私やばい！」と本気で思い、がんばりを楽しく思考転換しながら努力すれば、ものすごい力が発揮できるのです。

朝の余白を使って、大好きなことをするために必要な「大好きでないこと」を、いかに楽しく続けられるかを考えてみましょう。

「やり残し」は、「戦略的先送り」と言い換えて棚卸しする

仕事にとりかかる前に、リストをつくる方も多いのではないでしょうか。すべきことが終わったあと、リストのふせんをはがしたり、書き込みを斜線でつぶしたりすると、ものすごく達成感がありますよね。一方で、リストを全部消せなかった自分に、ちょっとだけ残念な気持ちになることはありませんか？

残念な気持ちになるのは、「やり残した感」があるからです。

私は「やり残し」という言葉こそが、「自分は意志薄弱だ」と落ち込ませる犯人なのではないかと思うのです。

だったら、いっそのこと「やり残し」という言葉はやめて、「戦略的先送り」と言い換えちゃいましょう！　もちろん、言葉を変えただけでは、ただのごまかしになってしまうので、気持ちの面から言い換えてみます。次のようにしてみましょう。

1 処理しきれなかった「やり残し」をあらためて書き出す。

2 書き出したことのうち、いつも気になってはいるけど、結局いつもできていないことや、じつはやらなくても毎日に支障がなかったものを、スパッと手放してしまう。

3 残った「やり残し」は、「来月にもち越しすべきもの」として認めて、これを新たに「戦略的先送り」としてリストにする。

このステップをへることにより、できなかった自分を責めるのではなく、「私は、自分の意志で、来月にもち越すことを選んだんだ！」と切り替えることができます。

なんとなくもち越してしまうと「やり残し」。でも、これは重要だから先送りしたんだ、と決めれば「戦略的先送り」。言葉の使いようで気持ちは大きく変わりますよ。

「戦略的先送り」ができれば、「望んだ夜更かし」と「望まない夜更かし」の区別ができる

私がプロデュースしている『朝活手帳』を愛用していただいている、東京都内の会社社長、Mさんより、うれしいお話をうかがいました。

彼女は、昔から仕事が大好きでした。気づくと寝ないでずっと仕事をしてしまうので、ワーカホリック気味の睡眠障害になってしまい、睡眠薬が手放せない生活を何年も送っていました。このままではよくないと、薬を飲み続ける習慣から卒業すべく一念発起、会社を部下に任せて、半年の間、精神科に入院して薬断ちをしました。

半年後、無事に退院できたのですが、薬を飲む習慣を手放したのと同時に、仕事への情熱も、やる気も手放してしまいました。それから半年間、何も手につかず、生き方まで手放しかけたとき、『朝活手帳』を書店で見つけたそうです。「私に必要なのはこれだ！」と手に取り、活用することで人生が劇的に変わりはじめたとお話ししてくれました。

それまでは、「1日1日、仕事が終わるまで寝てはいけない、とことんやりきっていない私はダメだ」と、自分を縛っていたせいで、睡眠不足や生活の乱れを引き起こしていたそうです。

そんなときに『朝活手帳』に出会い、「戦略的先送り」の考え方を知って、仕事を朝に残してもいいんだと気づいたそうです。それからは、やりきっていなくても、わりきって寝てしまっていい、夜更かしして詰め込むより、仕事は朝にまわせばいい、ときちんと睡眠を取るようになりました。

さらに、早起きでいったん頭がリセットされて、生産性が向上、心身ともに健やかになっていくことを実感したそうです。

「千恵さんのおかげで私の人生が変わりました。『朝活手帳』は人生を切り替える手帳です。この手帳は、日本のみならず世界にも広がるべきです」と、彼女は言ってくださいました。

私は、その話を聞き、泣いてしまいました。

Mさんのように、仕事（や、ほかの何か）に追いつめられてしまって、本当につらい思いをしている方が、「早起き」という、たったそれだけのことで人生を変えることができたのがうれしかったのです。

私は、朝型が絶対的に正しい、というつもりはありません。夜にしかできない仕事もありますし、遺伝的に決まっていて、生まれながらにして夜型だという人もいると聞きます。「私は夜型のままがいいんだ」という方を、無理に朝型に切り替えるべきだというつもりはないのです。

ただ、もし、仕事が終わらない、残業が多すぎる、夜の断れないつきあいが多い、1日のうちにカタをつけないと気がすまない、などの理由で、「望まない夜更かし」をしている方がいるのであれば、朝型へシフトしてみませんか？と提案したいと思っています。

私自身、「もう朝なんて一生来ないのではないか」と思うくらいの絶望を感じたときには、いつも早起きが心の支えになってくれました。どんなにつらい夜でも、お日様は必ず昇ってきてくれて、「よし、がんばろう！」と思うことができました。

そんな体験があるからこそ、私は自信をもって言えるのです。「朝型生活が人生を変える」と。いま、日本の自殺者は3万人弱といわれています。望まない夜更かしをする人が減れば、うつ病患者や自殺者は減ると、私は本気で信じています。

第4章

勉強に余白をつくる

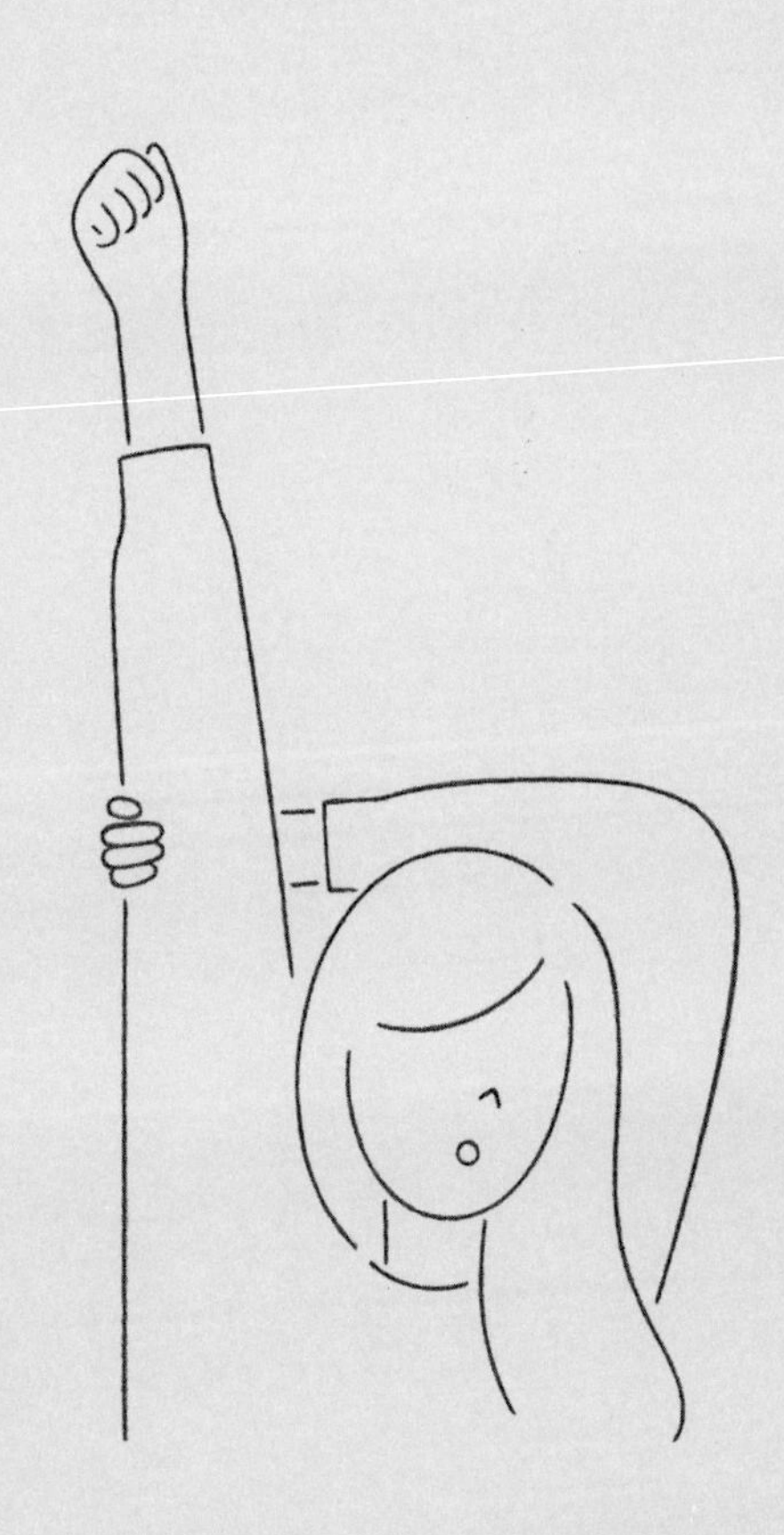

早起きしていると、段取りよく、仕事や用事がサクサク片づいていくので、達成感と充実感が得られます。すると、「これだけがんばったんだから、夜はダラダラしてもいいや」と、自分をゆるしてあげることができます。

つまり、早起きすると、夜のダラダラに後ろめたさがなくなるのです。

これに気づいたのは、私が大学受験に二度失敗し、三度目の挑戦をしようと、早起きして勉強しはじめたときでした。当時の私は夜10時就寝、朝5時30分起床。6時に家を出て、早くから開いている予備校の自習室で勉強していました。朝早くから勉強するので、夕方5時ごろには集中力が切れてしまいます。そこで、家ではいっさい勉強するのをやめて、テレビを見たり、趣味の料理をつくったりとリラックスした時間をつくるようにしました。

それまでは、リラックスする時間をつくるなんて考えたこともなかった私ですが、体験してみるととてもいい感じ。朝から十分勉強した！という充実感があるから、夜はダラダラしても、後ろめたい気持ちにならないのです。さらに、メリハリをつけたことによって、明日も早起きして勉強をがんばろう！という気持ちになれました。

いまの私は、よっぽど仕事が立て込んでいない限り、夜は夫とお酒を飲みながら、おしゃべりしたり、ネットを見ながらだらだらしたり、好きな小説を読んだりと、リラックスした時間を楽しんでいます。

朝の時間に集中していなかったら、こんな時間をすごしている自分を、「ああ、もっと生産的なことをしなければ」と否定してしまうかもしれません。でも、早起きして、すべきことをきちんとしている、という充実感があるので、こんな時間もメリハリ時間として、前向きにとらえることができるのです。

この章では、勉強する時間をつくるときの余白の考え方を紹介します。

心から手に入れたいと思ったら、あれも！これも！を卒業する

何か大きな目標があるとき、自分に足りないものは何かな？と考えて、たくさんインプットしなくては、とあせってしまうことがあります。しかし、じつは、自分がインプットしているさまざまなことに目を向け、そこから余計なものを削ぎ落とすことで、逆に目標に近づけることがあるのです。

私はこのことを、大学受験を振り返って感じました。

この章のはじめにも述べましたが、私は大学受験を二度失敗し、それを機にはじめた早起き勉強で、やっと志望校に合格しました。

当時は、「いまのままでは未来はない」という気持ちで必死だったため、戦略なんて何も考えていませんでしたが、いま振り返ってみると、遠まわりながらも大学に合

格できたカギは、「あれも！これも！」を卒業し、余白をつくったことにあるのだと思います。

私がやめたことは次の3つです。

○夜中まで机にかじりつくこと。
○有名カリスマ講師の授業をたくさん受けること。
○家に帰ってから勉強すること。

最初に、夜中までずっと机にかじりついて勉強することをやめました。

夜型で勉強を続けていたときは、時間が無限にあるような気がして、夜中はずっと机を前にしていました。

でもよく考えてみると、机に向かっている時間は長くても、そのなかで勉強している時間はわずかだったのです。机に突っ伏して寝ていたり、集中力が途切れてマンガを読んだりと、勉強に関係ない時間をすごしているのに、机に向かっているだけで勉強している気になっていたのです。

次に、有名カリスマ講師の授業を受けるのをやめました。

私は団塊ジュニア世代で、受験時は浪人生の数がとても多かった時期にあたります。予備校も人気で、当時は「カリスマ講師」とよばれる先生がたくさんいらっしゃいました。人気講師の授業には行列ができるほどです。

私は、「一流の、すごい先生からたくさん学べば成績はあがるはず」と思っていました。しかし、三度めの受験ともなると、仕送りをしてくれている親に迷惑はかけられないと考えて、前年は週に20コマ受けていた授業を、本当に心から「何をおいても、この先生の授業だけは受けたい！」と思う2コマに絞りました。

このことにより、本当に大好きな先生の貴重な授業を、熱心に集中してたいせつに受けるようになりました。

最後に、家に帰ってから勉強することをやめました。

受験生なのに家で勉強しないなんて！と思われる方もいるかもしれませんが、予備校の自習室で、朝から集中して勉強しているため、家ではリラックスしてぼーっとしようと思ったのです。テレビを見たり、料理をつくったりと、のんびりすごすようになったのは、すでに述べたとおりです。おかげでリフレッシュができて、早起きしてまたがんばろう！と英気を養うことができました。

あれも！これも！と手を広げることが、目的への近道ではありません。夜通し机を前にしていても、ただそこにいるだけでは意味がない。たくさんカリスマ講師のコマをとっても、本当に集中した2コマにはおよばない。朝も夜もがんばるのではなく、メリハリとリラックスをたいせつにする。

これらの経験はいまでも、私の生活に、たくさんの示唆を与えてくれます。

あなたの「あれもこれも」も、この機会に一度、棚卸ししてみませんか？

資格マニアだっていいじゃない

朝は、社会人の資格試験などの勉強にも適した時間。電話が鳴ったり、人に話しかけられたりすることがないので、徹底的に集中できます。

自己実現のためにたくさんの資格を取る人は、よく「資格マニア」と揶揄されます。じつは私も資格マニアでした。

きき酒師、酒匠、ワインエキスパート、チーズプロフェッショナル、パン教師師範、マクロビオティック師範……と、食にまつわる資格をたくさん取得しました。料理研究家になりたいと思っていた時期があったからです。

でも、どこをどう進んでいけば料理研究家になれるかがわからず、とりあえず興味のおもむくままに、朝の時間を使ってさまざまな試験勉強をし、「食」にかんする資格を取りまくりました。

これらの資格は、公認会計士や弁護士などといった国が認める公的な資格ではないため、取得してもキャリアとみなされないことが多く、転職するときに履歴書に書いてもまったくといっていいほど効力を発揮しません。でも、1つひとつの資格をクリアしていく達成感を味わうことができるので、やればできるという自信をつけることができたのも事実です。

また、一見無駄だと思えても、必ず何かの機会に役立つことを、私は実感してきました。1つ例をあげると――私は独立してから、経営者の方や目上の方と会食する機会が増えました。ある程度立場が上の方は、ワイン、チーズにかんする知識が豊富で、食への好奇心が旺盛なことが多いのです。そんなとき、昔取得した資格が生きて、会話のとりかかりとして、グルメネタで場の雰囲気を円滑にすることもできました。

さらにいえば、料理の知識は、発想を広げたり、段取り力をつけたりするのにも役立ちました。

「この料理をアジア風にアレンジするには？」と考えるのは発想力の訓練になります。これをつくるには、何を用意し、どんな順番でどう効率よく作業を組み立てていくのかを考えることは、段取り力につながります。つまり、「資格マニア」として一生懸命だった経験は、いますぐに直接役に立つことはなくても、なんらかのかたちで自分の血肉となっていることがわかったのです。

朝の時間の使い方に迷ったら、少しでも自分が興味をもったものを、勉強するところからはじめるのをおすすめします。たとえそれが、いまの仕事に直結していなくてもいいじゃないですか。必ずあとで、「ああ、これをやっていてよかったな」と思う日がきますよ。

資格勉強をする目的を、朝の時間で洗い出そう

先ほどは、いつか役に立つかもしれない、というくらいの気持ちで取得する資格の話をしました。では、本気で仕事に資格を活かしたい、もしくは、やりたい仕事に就くときのために資格がほしい、そんな資格試験の勉強をするとき、心にとめていただきたいことがあります。

それは、資格試験合格が目的にならないように気をつけましょう、ということです。これは、私が「資格マニア」だったからこそわかったことです。数多く試験を受けているうちに、合格することがゴールとなってしまうと、将来が見えなくなってしまう場合があるのです。

一生懸命勉強にはげむのもいいですが、ときには朝の静かな時間を使って、「いま、がんばっている自分」と、「がんばった結果、その資格を使い、きちんと結果を出している自分」の両方を見つめてみましょう。

◯あなたは、いま取ろうとしている資格をもって、将来何をしたいのか？
◯その資格で稼ごうとしているのか、それとも趣味のままでいいのか？
◯その資格を取ったほかの人が、その後どの程度活躍しているのか？
◯資格を取る前とあととで、どの程度の収入の増加が見込めるのか？

「自分の趣味の幅を広げる」とわりきって取る資格ならいいのですが、そうではなくて、いま、自分が勤めている会社を辞めて、その道でやっていきたい――。そう考えるのであれば、「資格を取る」をゴールとせず、「資格を取ったあとどうする」を、ぜひゴールにかかげてください。

将来について、ゆっくりじっくり考えられるのは、朝の時間ならでは。夜の時間は感情優位の時間。夜だと「どうせ無理」とネガティブになったり、「とにかくがんばるんだ」と視野がせまくなって現実をしっかり直視できないことでも、朝なら冷静に、客観的に考えることができます。

現実をまず見つめることこそ、朝の時間に行いましょう。

勉強を続けたことによる「サンクコストの罠」に気をつける

「サンクコスト（埋没費用）」という言葉を聞いたことがありますか？　サンクコストとは、「手間や時間をかけたコスト（費用）のうち、回収できなくなった部分」のことをいいます。

がんばったらがんばったぶんだけ結果を出したいし、投資したものは回収したい。その気持ちはわからないでもないですが、「せっかくの投資が……」という気持ちに強く影響されすぎて、冷静な判断をくだせなくなっては、本末転倒です。

日々の勉強を続けているうちに「こんなにお金や時間をかけたんだから、結果を出さないともったいない」という気持ちにとらわれるようになったら、もしかしたら「サンクコストの罠」にはまりかけている合図かもしれません。

先ほども述べたように、私はかつて、「週末起業」で続けていた飲食の教室で生計を立てて、料理研究家として独立したいという気持ちをもっていました。でもなぜか、レシピ本を出版したいのに、レシピを新しく考えるのが苦痛だったり、家で料理をつくることが楽しくなかったりしたのです。

そこで、あらためて深く考えた結果、じつは料理がそれほど好きではなかった、ということに気づいてしまいました。

大学時代からの憧れの職業だった、料理研究家。飲食にかかわる資格もたくさん取りました。長年お金と時間をかけていたことがムダになるなんて、私の数年間はなんだったのだろう、とてもショックでした。

ショックな気持ちをそのままにせず、そこでさらに深く分析してみると、じつは私は「料理」そのものよりも、「料理」という手段を通じて、人とかかわりたかったのだと気づきました。

料理は私が求めるコミュニケーションの一手段にすぎなかったのに、そこに気づかずに「料理のレシピ拡充」「料理についての知識のスキルアップ」ばかりやっていたから苦しかったのです。

ここまで分析しきると、スッパリと料理の道をあきらめることができました。なぜなら、人とかかわること、コミュニケーションを築くこと――自分の考えを聞いてもらうツールは、「料理」だけではないからです。

いま仕事としている「コンサルティング」や「講演／執筆／研修」もコミュニケーションの手段。だから、私にとって「料理」といまの仕事は、本質的には一緒なのです。

これがわかっただけで、気持ちがとてもラクになり「これ以上、食関連の資格を取るのはやめよう」と、きっぱりとあきらめることができました。そして、食関連の資格勉強をやめた余白で、コミュニケーション関連の勉強をはじめることができるようになりました。

かつての私のように、なんとなくモヤモヤしていることがあったら、一度腰をすえて、「目的」と「手段」がゴッチャになっていないか、分析してみてはいかがでしょうか。もしかしてあなたの夢は「ケーキ屋さん」ではなくて「デザイナー」かもしれませんよ。

朝は暗記モノの詰め込み作業は避ける

朝は、時間があるからといって、教科書や参考書をひたすら読む、暗記をぶつぶつ繰り返す、といった単調な詰め込み作業は眠くなるのでおすすめしません。

朝はしっかりと、頭を働かせて、手を動かす、創造的な作業がともなう勉強をするようにしましょう。

脳科学者の茂木健一郎氏は『脳を活かす勉強法』（ＰＨＰ文庫）のなかで、「脳を最大限に活用するには、夜よりも朝が効果的」と書いています。

眠っている間に前日までの未整理の記憶が整理されるので、朝は脳がクリアな状態。せっかくクリエイティブな作業に適した時間に、いつでもできる単調作業を繰り返すのはもったいない話です。

私の場合は、大学受験勉強のときも、趣味の資格試験勉強のときも、朝の時間を「オリジナル受験ノート」作成の時間にあてていました。教科書をもとに、問題集を自分でつくるのです。

自分で考えて問題集をつくるのは、いい頭の体操になります。頭をフル回転させるため、眠くなることもなくなります。

具体的には、次の2つを行っていました。

1 教科書の文章を自分なりに簡潔にまとめる（まとめる作業で頭を使う）。

2 まとめた文章のなかで、覚えなければいけない単語を虫食い状態にする（覚えたい単語を赤でマーキングして、赤い透明シートを乗せると見えなくなるようにする）。

教科書をまとめるのは、箇条書きでもＯＫです。自分なりにまとめるという工程で、内容を一度かみ砕くことができるので、ただ暗記するよりも頭に入ってきます。単語を虫食いにする場合は、たとえばチーズの製法（フレッシュ・ハード・ウォッシュ・白カビなど）の違いや、製法の手順で出てくる地名などを実際に地図を書いて、地名を赤字にしていました。

朝、これをつくってしまえば、あとは電車の移動中や休憩中などのスキマ時間が暗記タイムになります。暗記タイムの素材となるものを、クリエイティブな時間につくっておくのです。

ちょっとしたスキマ時間にできることを、朝のうちにしっかり準備しておく。そうすると、勉強にも効果的だし、何よりも精神が安定します。

ただがむしゃらにがんばるだけでは不安ですが、自分で自分の勉強をコントロールしていると感覚がもてるのです。脳の特性や身体の仕組みをうまく使い、「金の時間」である朝を、ぜひ有効活用してみてくださいね。

モチベーション維持のコツは1週間単位で区切ること

勉強は3日坊主では身につきません。しかし、半年から1年単位の長期目標を立てて、継続して早起きをしよう！と心に決めても、先が長いとついつい息切れしてしまいます。

そんなときは、1週間単位でクリアできる目標を設定すると、「とりあえず1週間がんばろう」という気持ちになれるのでおすすめです。

目標設定をするとき、覚えておいてほしいステップが3つあります。

1 1週間単位で、
2 数字で見えて、
3 がんばれば1週間のうち5日でクリアできる（つまり2日はサボってもOK）分量の目標を立てる。

たとえば1カ月後の試験のために、「毎日きっちりと早起きして、1日10ページ×30日で、300ページの問題集を解く」といった計画を立ててしまうと、たった1日でも早起きに失敗したら計画が狂ってしまうため、ダメージが大きく、気力も低下してしまいます。

ところが、「1週間のうち、平日は12～13ページぐらい勉強する日にして、土日は予定どおりいかなかったときの余白の日として取っておく」と考えると気楽ですよね。

この手法は勉強に限らず、運動などの、コツコツと積みあげる系の目標に効果を発揮します。

私は、毎年一度、フルマラソンのレースに参加することにしているのですが、かつては走っている間に、42・195キロのうちの10キロまでくると、「わーまだ、30キロ以上もあるのか……」とつらくなっていました。でも、42・195キロを、だいたい10キロ単位のブロックとしてとらえてみると、10キロ走ったときには、「4分の1も制覇した！」と、なんとなく前向きな気分になれるのです。

まるまる全体ではなく、分割して計画してみましょう。大きすぎる全体像も、ブロックに分けることで少し気持ちがラクになります。お試しください！

早朝読書で、かろやかに行動してみよう

私の朝の習慣の1つは、「早朝読書」です。オープンしたてのカフェで、始業前にゆっ

くり本を読むのは至福の時間です。勉強をしている方は参考書を読むことが多いかもしれませんが、ときには息抜きとして、まったく関係のない本を読んでみてもいいかもしれませんね。

朝読書をするメリットは2つあります。

1　外部に中断されないから、集中できる。
2　本で得た知識を、ブランクなしにすぐ実践できる。

1については、朝の効用として多くの方がおっしゃるとおりです。邪魔されないから集中力が高まるうえ、睡眠によって脳内が整理ずみの状態なので、頭に本の内容が入りやすくなっているはずです。

1も、もちろんたいせつですが、じつは私がよりメリットを感じているのは2のほうです。

夜、本を読んでいて、「へぇーなるほど。試してみよう」と思っても、ひと晩寝ると何を試すのか忘れてしまうことってありませんか？　一応メモを取ってみても、そのメモ自体をなくしてしまったり……。

朝時間で読書をすると、「試してみよう！」と思ったことを、すぐに実践できるようになるのです。「鉄は熱いうちに打て」とはよくいったもの。知識を得てからブランクを入れず、すぐに行動に移せることで、さまざまなスキルアップのチャンスが広がります。

これは何も、実用書に限ったことではありません。たとえば、朝読んだ雑誌にオフィス近くのおすすめランチ情報が載っていたら、今日のランチはそこにしようと決める。そんな些細なことでもいいのです。

「いつか行こう」じゃなくて、「今日行こう」と決めることができるのが、朝の読書です。また新たなお店情報のストックが増えるし、決めたことを実行できた気持ちよさまで味わえますよ。

本番でいつも緊張しすぎる人への魔法の言葉

がんばりすぎて気が抜けない人は、考えても仕方がないことで「心配の先まわり」をしてしまい、その心配のせいでまた不安が増す……というスパイラルにはまっている場合が多いようです。とくに、試験本番など、ここいちばんの大舞台でいつも失敗してしまう人は、大舞台だからこそ力を抜くための工夫が必要です。

私も昔、ついついがんばりすぎて、心がポキンと折れてしまいそうになるときがありました。

そんなときの私のとっておきの朝の呪文は、「きらぐにいげ〜」。これは、田舎に住んでいる父の言葉です。「きらぐにいげ＝気楽にいけ」という意味です。

19歳の冬、大学受験に二度失敗。三度目の正直でもうあとがない！と、ガチガチに肩の力が入っていた受験当日の朝、父から「きらぐにいげ〜。おまえはいつも緊張して、本番で力を出せないから」と電話がきました。そのおかげで、ふっと肩の力が抜けたのです。

いままでブルブル震えていたのが別人だったかのように、不思議と気持ちが落ち着き、おだやかな心境で、問題をするする解いている自分がいました。

これだけがんばったんだから、もう何があっても悔いはない、と思えるくらいすっきりと気持ちいい試験で、無事志望校に合格できました。

心配を先まわりしたところで、あなたにはできることは何もありません。それよりは、がんばったことに見合った結果が出ることを信じて、力を抜いて、本番にのぞみましょう。ふっと心に余白ができたとき、いつもの力がきっと出るはずです。

浪人という「人生の余白」で得たかけがえのない言葉たち

繰り返し述べたように、大学受験に二度失敗し、浪人生活を長く続けたことが、私の最初の挫折でした。いま振り返ると、その後の人生におけるさまざまな挫折にくらべたら、大学受験の失敗なんて些細なことです。

でも、自分のダメさ加減を10代のうちに徹底的に思い知り、自分に向き合って克服した経験は貴重なものでした。私はこのとき、思うようにいかない現状からどうはいあがるかを考え、乗り越える力を蓄えることができたと思います。

もちろんひとりではこのつらさを乗り越えることはできませんでした。高校生でも大学生でもない、肩書きがないさびしさや、「もうあとがない」というプレッシャーに、心が押しつぶされそうになったとき、支えてくれたのが、予備校の先生と、高校1年のときからの親友にもらったメッセージです。

予備校で現代文を教えてくださったS先生には、「人生苦しいときが上り坂」という言葉を教わりました。

山を登るとき、坂道がいちばん苦しいものです。でも、苦しい思いをしたあと、頂上から見わたす景色を思えば、乗り越えようと努力することができます。

このメッセージをもらってからというもの、何かつらいことがあるたびに「あ、いまは上り坂だから、もうじきてっぺんにたどり着くよ!」と、自分で自分をもりあげる術が身につきました。

英語の読解法を教えてくださったT先生には、「忍耐の芽は固い。しかし最後に結ぶ実は甘く柔らかい」という言葉をもらいました。人間も植物も、冬の時期を乗り越えて実をつけるという意味では一緒だと知りました。

高校時代からの親友には、19歳の誕生日を迎えた夏、次のメッセージをもらいました。彼女と私は、お互い実家を離れて寮で浪人中の身でした。

「あのときこうすればよかった、と思うことはあるけれど、あのときは、これがいちばいい、と自分で考えて決めたこと。あのとき一生懸命考えて決めたことだから、結果的にそれがいいことなんだよね。だから私たちのいまの苦労もあとでよかったと言える日がくるよ」

彼女からのメッセージにより、過去の決断は最善の決断だったとわりきり、勉強にはげむことができました。

生まれて初めての挫折の時期に、これらの言葉にはげまされたおかげで、逆境は嘆くべきことではなく、乗り越えるチャンスだと考えるクセがつきました。努力は無駄なものでなく、楽しいものだと気づいたのです。

順調に進学していたら、こんなふうに深く人生について考えることもなかったと思います。そう思うと、人生における浪人時代という余白は、人間としての深みを増すために必要なものだったのだな、と感じます。

第5章

人間関係に余白をつくる

毎日の生活のなかで、みんなの期待に応えたいし、「あなたのおかげ」と言われることがいちばんのよろこびだと思っていませんか？　だから、あれもこれもと依頼を受ける。「ありがとう、助かるよ」の声がうれしくて、ついがんばってしまう。

人のためになることはうれしい。それは揺るぎのない事実です。でも、気づけばいつも、自分のことはあとまわしになってしまって、ちょっとだけ疲れてしまうときもあるでしょう……。

一生懸命であればあるほど、さまざまな方面に気を使って、自分の行動が相手にどう影響を与えるかが、気になってしまいます。でも、夜寝る前に、それが少しでも、心の負担になっていると感じているなら、一度、立ち止まって考える時間をつくってみませんか？

夜、ベッドに潜ったとき、「なんだか疲れたなー」と思うか、「今日もいい1日だった！」と思えるかは、あなたの朝のすごし方にかかっています。

1日のはじまりである朝の時間を使って、かけがえのない存在であるあなた自身を、心を込めて大事にあつかってみませんか？

朝、少しでもいいから「自分のための時間」をもってみましょう。心が落ち着いて、みんなの期待に応えられる自分に戻ることができるでしょう。

この章では、一生懸命がんばるあなたを、朝イチで大事にしてあげるための方法について解説します。

デジタル全盛だからこそ、人とじゃなくて自分とつながる

いまはＳＮＳの「公開」ボタンを押すだけで、誰でも気軽に考えを発信できる時代です。発信するハードルは低くなりましたが、声を発せずともパソコンやスマホにメッセージを送ることができるため、ときには仕事中、向かいの席の人ともメールでやりとりしてしまい、これって意味があるの？　心が通っているの？と疑問に思うこともあるでしょう。

ひとりきりですごす休日やさびしい夜など、直接人と会うことがなくてもふれあいを感じることができるのは素晴らしいことですが、いくら絵文字などを使って感情をもり込んでも、文字コミュニケーションには限界があります。

人によっては冗談を冗談と受け止めてもらえなかったり、好意で発した言葉が理解

してもらえなかったり、文章の一部だけを切り取られて広まってしまったりと、いろいろ誤解も多いことでしょう。ネットでは怖い人だけど、実際に会ってみたら優しい人だった、ということもありますよね。

いまのように、いつでもどこでも誰かとつながっているような時代においては、「いかにつながるか」より、「いかにつながらないか」を考えることが大事になってきたような気がしています。

私が長年、朝の時間を大事にしていてよかったなあ、と思うことは、一定の時間「ひとり」になれることです。

周囲が何を思っているか、ほかの人が何をやっているか、などということはわきに置いておいて、ひとりで、自分のありのままの気持ちと向きあう時間を定期的に取れていることをありがたく思っています。

ネットが仕事では欠かせないインフラになっているいま、ほうっておいても始業後にはメールなどのデジタルなやりとりが待っています。そんな時代だからこそ、あえて朝の時間は自分とつながってみませんか？　あわただしくすぎる毎日のなか、ひとり静かに自分と向き合う時間を、早起きで確保してみましょう。

アクティブに孤独を楽しもう

「アクティブレスト」という言葉を聞いたことがありますか？　もともとスポーツの世界でよく使われている言葉です。激しいスポーツのあとに休養する際、身体をいっさい動かさずに数日間休んでしまうよりは、かえって毎日身体を軽く動かしたほうが、疲労回復につながるという考え方です。

ここから派生して、疲れたからといって家でごろごろして週末をすごしてしまうよりは、土日も外に出て活動的にすごしたほうがかえってリフレッシュできる。そういう意味で「アクティブレスト」を使うこともあります。動いているのに休んでいる、という視点がおもしろいな、と思いました。

この言葉を知ったとき、私にとっての朝の余白は「アクティブ孤独」だなと感じました。ひとりで心静かにすごす朝時間をもちながら、ゆるく外とつながっている気がするからです。

ここでいう「ゆるくつながる」は、ネットなどでつながっているという意味ではありません。朝の時間に自分自身の本当の気持ちを分析し、朝9時以降になってから周囲に発信してみることが「ゆるくつながる」ということです。ひとりの時間を使って、仲間と一緒に行動するための準備をしている状態なのです。

黙々と実行する地味なひとり活動だった「早起き」ですが、いまでは「朝活」という言葉の広がりにより、待ち合わせして勉強したり、朝食会を開いたり、セミナーを受けたりと、ひとりで行うのではないアクティブな活動としても認識されるようになりました。

もちろん、こういった、会社と家の往復では出会えなかった人たちと楽しく交流するのもよいことですが、ひとりでじっくり自分と向きあい、「考えをまとめて外に出ていく準備」としての朝活も、アクティブな活動なのではないでしょうか。

あわただしい日々のなかでも、自分を取り戻し、相手とのかかわり方を考える時間をたいせつにしましょう。孤独な時間があってこそ、まわりのことにも目が向けられます。アクティブ孤独によってあらためて、周囲の人たちにどれだけ助けられているかにも気づくかもしれませんよ。

「ひとり時間」と「みんな時間」
――朝と夜の特長を活かし、行動を変える

私は、脳や身体の動きに合わせ、「朝はひとり時間」「夜はみんな時間」という言葉で、時間の使い方を分けることを提案しています。

朝は、前日までの情報が睡眠によって整理され、頭がすっきりしてクリアな状態なので、ものごとをじっくり考える「ひとり時間」に向いています。逆に夜は、1日のさまざまな情報にさらされていて頭が疲れ、ストレスもたまっています。ですから、深く考えたりするよりも、外に向かって発散して楽しむような「みんな時間」をすごすのに適しています。

この特性を活かすと、英語の勉強1つとっても、こんなふうに工夫することができ

ます。


◯朝は、英語のオーディオブックを聞いたり、問題集をつくったり解いたりする。

◯夜は、外国人が多くいるバーに飲みに行き、「みんな時間」で英会話を楽しむ。


ほかにも、朝／夜の違いを活かして、それぞれ次のような活動をおすすめします。


〈朝のひとり時間〉

◯勉強するならたんなる丸暗記ではなく、頭を使って考える学習をする。

◯前日の反省を淡々とノートに書き出して冷静な頭で考える。

◯仕事のシミュレーション（どのタイミングで上司に自分の作業をチェックしてもらうかなどの段取りを組む）。

◯頭のモヤモヤをノートや手帳に書き出して整理する。

〈夜のみんな時間〉

○料理教室、パン教室など、先生&生徒同士の交流&食事が楽しめる教室。

○ダンス教室やゴスペル教室など、身体を動かしたり声を出したりすることでストレス発散。

○映画鑑賞、ミュージカルなど、終わったあとで感想を交換しあうことができるイベント。

このように、「ひとり時間」と「みんな時間」でメリハリをつけていくと、1日1日を達成感と充実感をもってすごすことができますよ。

朝の余白は相手に対する寛容さもはぐくむ

朝の余白をふだんからたいせつにしていると、ほかの誰かの時間の使い方にも、寛容になれる気がしています。

なぜなら、相手が遅刻してしまう事情についても想像をめぐらせることができますし、朝の時間で考えた「空きができたらこれをしよう」というリストがあるので、待ち時間を有効に使うことができるからです。

以前の私は、「遅刻する人、イコール、自己管理がなっていない人」と思っていました。どんな理由であれ遅刻する人には厳しく接し、表向きはニコニコしていてもじつは軽蔑していました。「こうであらねばならない」という考えにギチギチに縛られていたのです。しかし、ある日、自分が遅刻してしまったとき、はっとしました。相手の立場に立ってものごとをとらえる視点が私には抜けていたかもしれないと。

そのときは、遅刻しないようにいつものように、30分前に待ち合わせ場所の最寄り駅に着いていたにもかかわらず遅刻してしまったのです。理由は、まだまだ余裕があると思って近場のカフェで仕事をしていたら、ノってきてしまって時間がたつのを忘れてしまったからでした。

気づいたら約束の時間ぎりぎり。そんなときに限ってスマホの地図アプリがうまく起動せず、近くまで着いたはずなのに場所がわからずにうろうろ……。間に合うはずの約束に遅刻してしまいました。参加者のひとりである私の遅刻のせいで、セミナーは定時から10分遅れてのスタートになってしまったのです。

大勢が参加するセミナーだったので、私の事情などを誰かに釈明することもできず、ただ「遅刻してセミナーの開始を遅らせた張本人」として周囲に記憶されることになりました。

この経験を機に、何がなんでも遅刻はＮＧという、かたくなな考えを手放すことができました。人間だもの、どうしようもない理由もあるし、ついうっかりというときもあるよね、と思うと、相手にも寛容になることができるようになったのです。

また、相手に寛容になれたのは、自分が失敗したからばかりではありません。つね日ごろから、朝の余白で、時間のたいせつさや、使い方について考えているうちに、誰にだって時間はたいせつだし、無駄使いなんてしたくないはずだ、と気がついたからでした。

たいせつな時間を、遅刻という残念な使い方に費やしてしまうなんて、きっと何か事情があるのだと思えるようになったのです。私を、相手の時間にまで思いいたるようにしてくれたのは、朝の余白でした。

消去法の「やりたい」で、本当の「やりたい」を隠していませんか？

「やりたいけどできない」が口癖の人がいます。「やりたいんだったら、やりゃあいいのに」と、つい思ってしまいがちですが、ふと「どうしてできないのかな？」と考えてみたところ、私は次のようなことに気づきました。

「やりたいのにできない」という言葉が出るときは、「自分基準の重要度(やりたい！)」と、「自分以外の誰か基準の重要度（やったほうがいい／やらないとまずい／やらないと人でなしだと思われてしまう／このくらいしか私はできないし、などなど)」の区別がアイマイになっているのです。

だから、相手基準の重要度が高いものを、自分の本心だと勝手に思い込んでしまうのです。

私はこれを「エセやりたいこと」とよんでいます。迷いが多く決められないときは、「本当にやりたいこと」か「エセやりたいこと」かを、区別して考えてみることをおすすめします。

これは何も、「エセやりたいこと」は無視してOK！　いっさいやらなくてOK！という意味ではありません。自分が「あ、これは『エセやりたいこと』だけど、自分以外にやる人がいないから、いまはやるしかないな」と、きちんとわりきれているのであれば、やるべきなのです。どうしてもやらなきゃいけないことはあるし、ある程度はがまんしなければいけない場合もありますものね。

でも、そのやりたいことが「エセ」だと自分で意識していたら、たとえばその業務を本当にやりたい人にそのまま渡したり、外注したりできる場合もありますよね。より効率化して、早く終わらせる方法も考えられるかもしれません。

あなたが「やりたいけどできない！」と思っていることは、ホントのホントに、心の底からやりたいことだと自信をもって言えますか？　そこを明確にしてから、「やりたいけど、できない！」と言葉に出してみましょう。

「神様が見ているよ」と思えば、神様が手をさしのべてくれるまでやろう、と思える

自分の境遇を嘆いて、「こんなにがんばっているのに、なぜ？」と人生を呪うようなときも、長い人生のなかで一度や二度、あることでしょう。そんなときこそ心おだやかに、自分以外の存在に今後の展開をお任せし、自分は自分ができることをがんばろう！という考え方を取り入れてみましょう。

そうすると、将来のことや、過去のことに気持ちを乱されることなく、「いまここ」に集中することができるようになります。

私はこのことを、先日98歳で亡くなった、夫の祖父から教わりました。

本当におだやかで、愚痴や悪口などをいっさい言わないおじいちゃんでした。福の神のようなニコニコ笑顔のおじいちゃんだったので、デイサービスの人たちからも人気があったそうです。おじいちゃんに会うと、いつも心がふわーっとやわらかくなるのを感じていました。

お酒が大好きで、元気なころはよく一緒にお酒を飲みました。口ぐせは「ありがとう」と「神様は見ているよ」でした。

最後の数カ月も、口を動かすためのリハビリの言葉に選んだのは「ありがとう」だったそうです。夫の母（義母）は何かつらいことがあったとき、おじいちゃんにその気持ちを吐き出すと、いつも「大丈夫、神様は見ているよ」と言ってくれたそうです。

じつは、おじいちゃんのお通夜、お葬式で夫の実家に戻っている最中、私には仕事でとても悔しく思う出来事がありました。自分の力がおよばないせいでと、悔しくて悲しくて、涙が出てきました。

その話を義母にしたところ、「神様は見ているよ」の話になりました。

「つらいことが10あって、うれしいことが1あるのがこの世界。でも、つらいこと10をがんばると、がんばってよかったと思えるうれしいことが待っているんだよ。大丈夫、神様は見ているよ」

そう義母に言ってもらえたとき、重苦しい気持ちがすうっと軽くなるのを感じました。そして、「神様が、こいつはこれだけやってるんだから、いっちょ手を貸してやるか」と思ってくれるように、ただ粛々と目の前のことをやろう、と気持ちを切り替えることができました。

おじいちゃんは、亡くなる数日前から、夢うつつのなかで輝く天国のような世界を行き来しており、義母にその様子を語っていたそうです。

私は、神様は本当にいると思います。私たちの行動は、よいものも、悪いものも、見られているんだな、と思います。だからこそ、それに恥じない生き方をしなければ、と襟を正し、目の前のことに取り組もう。そうおじいちゃんから教えてもらいました。

飲み会と早起きを両立させるコツとは

会社のイベントや取引先の接待などで、夜のお酒の席がなかなか減らせない、という方もいらっしゃるでしょう。「私は朝型ですから！」と、自分の道をつき進み、お誘いを断るのはなかなか難しいものです。だから、日ごろから夜のつきあいが多い方は、早起きしたくても自分にはできない、と思い込んでいませんか？

たしかに、飲み会で遅く帰ってきて午前1時に就寝したのに次の日も早起き、というのは無理な話。どんなときでも早起きをかたくなに守って「私は朝型だ」といったところで、眠さやだるさで肝心の仕事のパフォーマンスが下がったら本末転倒です。

私も、飲み会で帰りが遅くなった翌朝は4時起きをしていませんが、それでも、朝はだいたい5時とか6時に起きているので、ふつうの人よりは早起きのほうかもしれません。どうして飲み会の次の朝も早起きできるのかというと、次のような工夫をしているからです。

1 お酒を飲むのと同時に、お茶や水もとることで、酔いがまわりすぎるのを防ぐ。
2 自ら幹事を引き受け、コース料理を注文して終了時間を管理する。
3 早起きキャラをふだんからアピールしておく。

お酒を頼むときは、なるべく一緒に水やお茶を頼むようにしましょう。お酒と同量の水分を意識してとるようにすると、悪酔いを防ぎ、判断力の低下も最小限になります。

また、自分が飲み会の主催者になってしまうのも1つの手です。幹事なんてめんどうくさい、と思われがちですが、じつは飲み会の時間や内容を自由にコントロールできる立場。いつ終わるのかわからない飲み会にヤキモキするよりも、自分で時間を管理していたほうが、次の日の計画も立てやすいのです。

職場の仲間たちに、「早起きキャラ」を宣言してしまうのもいい方法です。一度宣言して周囲の理解を得てしまえば「あいつはそういうものだ」と自動的に思われるので、途中退席するときも気兼ねなくできるようになります。

お酒を飲んでも酔いにくくする工夫や、早く帰るための工夫は、考えればいくらでもあるのです。それはすなわち、飲み会に参加しても、早起きできる工夫といえるでしょう。

勘違い早起きに注意。好かれる早起きキャラを目指す

先に述べたように、「あなた、イコール早起き」と、まわりのみんなが思ってくれるようになると、とくに夜のつきあいがラクになります。

飲み会があっても、二次会、三次会に誘われることも自然と減ってくるでしょう（逆に、行きたい二次会、三次会に行こうとしても「大丈夫？」と配慮されてしまう場合もあり、ちょっと悲しい思いをする場合がありますが）。

私の場合は、「朝の人」というイメージが定着したため、夜10時ごろになると、もう周囲のほうが「大丈夫？」「眠くない？」と心配してくれるようになりました。「早起きキャラ」を周囲に定着させることができれば、たとえ忘年会や新人歓迎会のシーズンでも快適に早起きができるようになります。

ただし、気をつけるべきことがあります。それは、早起きを決して他人に強要しない、ということです。

あなたが早起きしているのは、たんに好きでやっているだけの話。周囲の大多数には、あなたが早起きをしていることなんて、どうでもいい話なのです。

先日、とある方から聞いた話ですが、職場に早起き社員が増加するにつれ、ギリギリに出社する社員とのぶつかりあいが起きているのだそうです。夜型の人を「早起きしない人なんて考えられない」とバカにしたり、夜型の人の都合を無視して、早朝から会議を設定してしまうような「勘違い早起き」も一部存在するとのこと。

早起き社員の方は、仕事の準備をする時間や、考える時間をつくるための手段として、早く出社します。でも、就業時間内や残業で、それができている人は無理に早起きしなくてもいいはずです。早起きが目的化して、夜型を責める人がいるなら悲しいことです。早起きしていない人を「仕事に対するモチベーションが低い」といったような目で見たりすることはしないでくださいね。

また、早起きをした結果として、仕事が効率的に進むようになり、残業が減るのならいいのですが、「私は早起きなので」と言い訳して、仕事の責任を投げ出してさっさと帰ってしまうのも本末転倒。まずは上司や同僚に、あなたの仕事ぶりを認められてこそ、早起きが活きてくるのです。

嫌な気持ちは、見すごさずに、朝見すえる

私は、人間関係における「怖い」という気持ちは、「傷つきたくない」という気持ちと同義なのではないかと考えています。

朝は、あえて見ないことにしていたことを、冷静な頭で分析できる貴重な時間です。もし、あなたが人間関係になんらかの怖さを感じているのなら、自分の「傷つきたくない」に目を向けて、どうして傷つきたくないのか、どうしたら傷ついても大丈夫と思えるようになるかを、分析してみてはいかがでしょう。人との接し方が変わってくるかもしれませんよ。

分析してみて、傷ついてもいいと思えるくらいの想いやメリット、情熱が自分にあることがわかったなら、たとえ怖いと感じていても、思いきって一歩を踏み出せるようになります。その結果、たとえ傷ついたとしても、考え抜いて踏み出した一歩に後悔はないはずです。逆にいうと、そこまで考えを深めていないから怖いのです。

だから、想いを「見すごす」ことなく、「見すえる」ことが大事なのではないかと私は考えています。

私は、２０１２年より、「私であるための企画力講座」（通称「ｉプラ」）という私塾をはじめました。これは、目的意識をもって頭を整理することで自分のやりたいことを見つけるための講座です。卒業生からは、希望の部署に異動が決まったり、異業種に転職が決まったり、やりたかったことができるようになったという好意的な報告をいただいています。

私が受講生を見ていて思うのは、想いをしっかり見すえることができるようになると、顔が変わって行動も変わるということです。

たとえば、このままじゃ嫌だとか、生まれ変わりたいと思っている人でも、自分を分析していくと、じつは生まれ変わる必要なんてない、短所は長所の裏返しなんだと気づくことがあります。

「引っ込み思案で人に伝えることができない」「リーダーなのに後輩にうまく注意す

ることができない」という悩みは、裏返すと「相手を傷つけてはいけない」といった深い配慮ができる人であるということです。

もともともっていることに、すでに価値がある――そのように思えるようになるまで、徹底的に考えるために、思考の邪魔が入らない朝の時間を活用してほしいのです。

自分がどう思っているかを周囲に発信しなければ、あなたの考えがただの思い込みか、そうでないかということにも気づきません。ですから、怖くても行動し、相手の反応から、思い込みの鎧を解いていく必要があるのです。

行動した結果、思い込みや勘違いだということがわかり、思考回路がリセットされると、よい感じに考えが熟成発酵していきます。

朝なら、「よし！いっちょやってみるか！」と前に踏み出す勇気を出すことができます。あなたも、朝に背中を押してもらいませんか？

朝の時間でポジティブ言葉転換リストをつくってみよう

十分な準備もないときにいきなり質問されたり、急にトラブルの矛先が自分に向かったりしたとき、とっさに自分が発した「言い訳」に自分のホンネが表れます。

私は昔、会議で質問されたとき、質問に答える前に「私は悪くありません！」と自分を守ってしまい、恥ずかしい思いをした記憶があります。会議は犯人を吊るしあげる場ではなく問題解決の場なのに、どうしてあんなことを言ってしまったんだろうと、いま思い出しても顔から火が出る思いがします。「あ、君に聞いてもムダだ」という顔をしたファシリテーターの顔が忘れられません。

このように、とっさに発してしまった恥ずかしい言葉は、二度と言わないよう、朝の時間を使ってポジティブな言葉に言い換える訓練をしてみましょう。言葉1つで、自分が自分に感じる印象も、相手に与える印象もガラリと変わります。

たとえば、「できない」と言ってしまったとたん、できる理由を探すことを自然にやめてしまいますよね。「できない」を「どうしたらいいか」と言い換えるだけで、アイデアは出てくるものです。

私のリストの一部をご紹介しましょう。

「なんでこんなことしちゃったんだろう」「あのときこうすればよかったのに」

↓「これからこうしよう」

「頼まれたけど、まだ準備が足りないから断ろう」

↓「頼まれたということは、いまがそのチャンスだ！」

「あなたがこうすればよかったのに」

↓「私が気づいていればよかったね」

これを習慣にすると、たとえ嫌なことがあっても「ポジティブ転換のチャンス！」と、ものごとを前向きにとらえられるようになりますし、続けているうちに、身体のなかからポジティブ体質になっていきますよ。

ポジティブな言葉をすぐに思いつくようになれるポイント

どうしてそんなにすぐ「ポジティブ言葉」を思いつくのですか？という質問をよくいただくので、コツを3つ紹介しましょう。

1　ネガティブなことがあまり大きくならないうちに、いったん小出しにして発散してしまう。

2 悪いことのなかの「よかった探し」をする。

3 「せい」を「おかげで」に言い換える。

人間ですから、頭にきたり落ち込んだりすることがあります。でも、怒りや落ち込みをぐっと心に押し込めてしまうと、あとで爆発してしまいます。

だから、ネガティブなことは紙や手帳に書き出したり、信頼できる家族に小出しにしたりして、私は怒りをため込まずに発散してしまうようにしています（ときにサンドバッグ代わりになる家族には申しわけないですが……）。

とくにオススメは、先に何度か述べているように、「朝クヨクヨする」と決めることです。

朝、前日にあった嫌なことを書き出してみると、たいしてクヨクヨする必要がなかったことだと気づくことができます。そのあとで、「その悪いことのなかでも、よかったことはなんだろうか？」と考えると、少しは思い当たることがあるはずです。

たとえば、自分があたためていたアイデアを、誰かに先に提案されてしまい採用が決まった、そんなときには「あの人のせいで、私は報われなかった」と考えがちですが――「あのときほかの人に先を越されたおかげで、自分のアイデアが、わりといい線いっていることがわかった」「もじもじしないで、早く自分のやっていることをアピールしたほうがいいんだということがわかった」と、思考を転換することができます。

いつもこの３点を心がけて意識するようにすると、だんだんとポジティブ言葉が得意になってきますよ。

わかるように伝える練習を、朝してみよう

「上司が自分の仕事ぶりを評価してくれない」

「家族が自分の夢に理解を示してくれない」
「進めたいプロジェクトがあるのに、まわりが協力してくれなくて、自分にばかり負担がかかっている」

こんなふうに悩んでしまうこと、ありますよね。私も、もちろんありましたし、いまもときどきあります。

でも、わかってもらおうとする努力をせずに、「わかってくれる人にはわかってもらえているから、まわりは気にしない」と自分をなぐさめたり、「誰も私のことをわかるはずがない」とふてくされるのは、傲慢なんじゃないかとあるとき気づきました。

それからは、わかってもらえるように伝え方を工夫したり、考えをまとめることに気持ちを集中させることができるようになりました。

「ちゃんと察してよ！」「ふつうはこう言えばわかるでしょ！」……そんなふうに周

囲を責めてしまいそうになったときは、冷静にノートにいろいろと書き出してみましょう。朝の時間を活用すると、感情にフォーカスせず、事実にフォーカスできるのでおすすめです。

たとえば、こんなふうに自分に問いを立てます。

◯察してくれなかった理由はなんだったのだろうか。
◯そもそも、「察する」ってどういうことなのだろうか。
◯自分が言った言葉は、どのように相手に伝わったのだろうか。
◯それは、自分の意図と、どのくらいかけ離れたものだったのだろうか。
◯あのときどう伝えればわかってもらえたのだろうか。

「アタマを整理し、ココロが変われば、ミライは動く」

これが私の持論です。ココロを変えよう、変えようと一生懸命になればなるほど、かたくなになります。

まずはありのままのココロを吐き出し、整理できれば自然にココロが変わり、ミライは動き出すのです。モヤモヤはきちんとノートに書いて見える化すれば、たいていのことは解決しますよ。

ネガティブを徹底的に出しきってから、ポジティブを吸い込もう

朝の時間はクヨクヨできない、という話はすでにお伝えしました。とはいえ人間ですから、どうしても、前日のクヨクヨを朝までひきずってしまうことももときにはあるでしょう。

そんなときは、またもやノートの登場です。ノートや手帳にクヨクヨを洗いざらい書き出してみるのです。

ただし、これにはポイントがあります。「もうこれ以上出しきれない!」というくらい、思いっきり心のなかのドロドロを吐き出してしまうことです。
吐き出しきれば吐き出しきるほど、新しくポジティブなことを吸い込む余白ができるからです。

私にはたいせつにしている法則があります。名づけて「スポンジの法則」というものです。スポンジは、水分を絞りきってスカスカにしないと、新しく吸い取ることができませんよね。では、あなた自身を1つのスポンジだとイメージして、モヤモヤとした気持ちで落ち着かないときは、思いきって吐き出してみましょう。

いま、嫌なことやクヨクヨを例にしましたが、じつは「スポンジの法則」には、本来は次のような意味があり、私自身も実践しています。
「自分が得た知識や経験を、出し惜しみせずに周囲に発信すればするほど、そのぶん新しい知識や経験を得ることができて成長につながる」

吐き出して、吸い込む。そのプロセスを繰り返すごとに、どんどん人は成長するのではないかと感じています。ポジティブな経験は人に対して吐き出し、ネガティブな気持ちは人ではなく、紙に書いて吐き出すのです。出しきると、からっぽになった身体に、また新しい学び、知識、よろこびが、ぐんぐん入ってきますよ。

朝、これからはじまる素晴らしい1日のために、嫌な思いはすべて吐き出して、ポジティブを吸い込む余白を残してあげましょう。ポジティブを吸い込んだら、今度はそれをまわりに発信していきましょう。

あなたの素直な心や、かっこ悪い試行錯誤のプロセスも、あとで振り返ると、きっとあなた自身をかたちづくった愛しい思い出になるはずですよ。

「おはようは自分から」ゲームで、社内の空気を自分で変える

職場の雰囲気が悪くて、なんだかギスギスしている……。どうしてこんな雰囲気になってしまったんだろう？と思うことはありませんか？

私も過去、同じように感じていた時期がありました。

前職での出来事です。朝出社したとき、みんな「おはようございます」と入ってくるのですが、元気がなく、誰に向かって言っているのかわからないような、ごにょごにょした声なのです。また、私がいた部署は1分1秒を争って資料をつくるような忙しい部署だったため、何か質問や相談をするにも、周囲に声をかけるのがはばかられる雰囲気がありました。そのせいか、いつのまにか質問や相談は、目の前にその人がいたとしてもメールでやりとりする、ということが常態化していたのです。

私はこの状態が気持ち悪い、と思ったので、上司になんとかならないか相談しました。そこで言われたのは、「そう思うならあなたから率先して部署の雰囲気を変えて」という答えでした。

私はハッとしました。なぜなら、上司にそう言われるまで、どこかひとごとだったのです。職場の雰囲気が悪いから、上司、なんとかしてください、と問題を丸投げしていたのでした。そこで、まずは自分が率先してあいさつするところからはじめよう、と決めました。

とはいえ、いきなり元気にあいさつするなんて、当時の私のキャラではありません……。いきなりそんなことをはじめたら、ヘンに思われないかな……。そんなふうに、しばらく躊躇していたのですが、思いきって、えいや、とあいさつをはじめたところ、とくに何も言われることなく、みんながあいさつを返してくれるようになりました。

これを続けていくうちに、誰よりも早く「おはよう」を言うゲームなんだ、と思えてきて、毎朝のあいさつが楽しみになってきました。その結果、少しずつですが、社内にあいさつをする雰囲気が出来上がってきたのです。

そもそも、あいさつされて嫌な気分になる人は存在しません。誰だって、気分よくスタートをきりたい、そう思っているのが朝の時間です。

周囲の雰囲気が悪いなら、自分からアクションすればいいだけの話。しかも、あいさつ1つで職場の雰囲気を変えられるなんて、おやすい御用だと思いませんか？

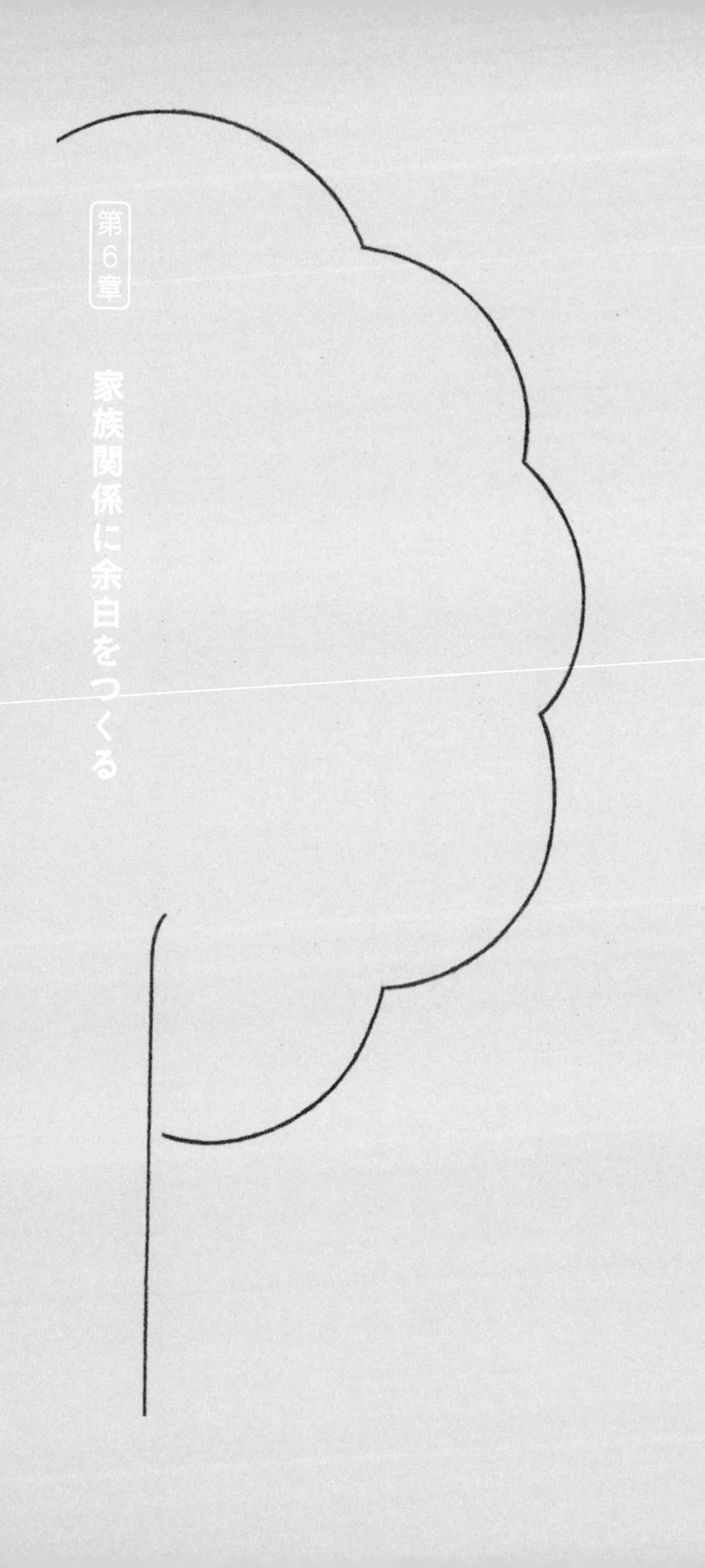

第6章 家族関係に余白をつくる

「まだ幼い子どもの世話で精いっぱいで、余白なんて1秒たりともない」
「仕事をして、家に帰ったら家事をして、日々一生懸命すごしているうちにあっという間に時間がすぎてしまう」
そんな悩みもよく聞きます。

家事と仕事、両方をしっかりと手を抜かずにがんばりたいと思う方にとっては、余白をつくるなんてハードルの高いことに思えるかもしれません。しかし、余白とは、たんに時間をつくることを指しているのではありません。精神的に余裕がなくて、忙しい日々を、なんとなくやりすごしそうになってしまう——そんなときこそ、自分の意志で冷静な自分を取り戻すことが、余白の本当の意味です。

家族は心おきなくなんでも言える存在ですよね。でも、そうであるがゆえに、つい、心ないひと言や、余計なことを言ってしまうときもあるでしょう。何度言っても直してくれない家族のクセ、たとえば、靴下をひっくり返しに脱いで洗濯機に入れるから、いつも干すときに手間がかかる！などにイライラしてしまい、ついついキツイことを言ってしまうことがあると思います。

そんなときには、どうやって心を整えれば、おだやかな気持ちですごせるようになるのでしょうか。それには、あたりまえだと思っていたことが、じつはそうではないのだ——その気づきがあるかどうかが、ポイントではないかと思います。

家族は、裏も表もなくずっと一緒に人生をすごす存在。つい、感謝の気持ちを伝えることがおざなりになっていないかな？と内省する時間も、素直になれる朝ならつくることができます。この章では、そのためのコツについて紹介していきます。

私の家族の話が続きますが、日々余白をどうつくるかの試行錯誤をへて感じた正直な気持ちです。おつきあいください。

日常は、立場を変えるだけで非日常になる

何気なくすぎてゆく１日。代わり映えしない毎日……。

「なんだかつまらないな」
「おもしろいことないかな？」

そんなふうに思ってしまうときでも、じつは、たんにおもしろいことがたまたま目に入っていないだけで、周囲は新しい発見にあふれているのかもしれません。

たとえば、立場を変えてみるだけで、日々の生活がまったく違ったものに見えてきたりはしないでしょうか。

私の場合は、息子が生まれてからは「小さい子どもを育てる母の立場」に変わりました。この立場でものごとを見るようになった結果、近所の公園に向かうことでさえ、すべてが初めてのことで大冒険になることに気づきました。

家の近所にこんなに公園がたくさんあるなんて、子どもができるまでは知らなかったのです。公園や川沿いの階段の横には、必ずスロープがついていることなんて、ベビーカーを押さなければ気づきませんでした。初夏、ベビーカーで散歩すると、子どもはアスファルトに近いため、日中は暑いから早朝のほうがよいということも気づきませんでした。

日常を非日常の大冒険にするための秘訣は、日々のあたりまえのなかの発見にあるのだな、としみじみ感じています。

ふだんは自分の職場の立場でものごとを見るのに精いっぱいな方も、朝の余白で「妻目線」「夫目線」「父母目線」など、さまざまな立場で広くものごとを見てみると、あらたな発見があるかもしれません。

家族への感謝の気持ちは、朝イチで言葉にする

日常が非日常になることは、家族とのコミュニケーションでも同様です。
特別なことをしてもらったときは「ありがとう」を素直に言えると思いますが、よくこの言葉を意識してみると、じつは毎日の出来事は「ありがとう」であふれているものなのだな、と感じます。

ここで質問です。
あなたは昨日、家族に対して何回「ありがとう」を伝えましたか？

我が家では、お互い「ありがとう」を、朝から数えきれないくらい発しています。

○残業せずに早く帰ってきてくれてありがとう。
○ゴミ捨てをしてくれてありがとう。
○ほ乳瓶を洗ってくれてありがとう。
○洗濯物を干してくれてありがとう。
○シンクをきれいにしてくれてありがとう。
○いつも保育園の送り迎えありがとう　などなど。

毎日、感謝の言葉を口に出すことのたいせつさを、私は夫から教わりました。夫は昔から、毎日いろんなことに「ありがとう」と言ってくれるのです。

結婚当初は、「べつにいちいち言わなくてもいいのに」と思ったことが正直ありましたが、毎回毎回、同じことに、変わらず「ありがとう」と言ってもらえることが、じつはうれしいことなんだとわかってからは、私も意識して夫に「ありがとう」を伝えるようになりました。

この言葉によって、「やってくれて当然」「あなたのやることでしょ」という思いにならず、いつも新鮮な感謝の気持ちがわいてくるようになりました。

毎日の家事や育児については、それぞれの家庭で、自然に役割分担がされていると思います。役割分担がだんだん決まってくると、自分の役割ではないことは「相手がやってあたりまえ」と思ってしまうことも往々にしてあるでしょう。パートナーの役割のはずのゴミ捨てが終わっていないと「なんでやってくれないの？」とイライラすることもあるかもしれません。

そんなときは、いつもはやってもらえていることに「ありがとう」を欠かさない、そう心がけるだけで、イライラが消えますよ。今日は疲れているのかな、少し手伝ってあげようかな、という気持ちにもなるはずです。最初は照れくさいかもしれませんが、慣れてしまえば、これほど心おだやかになる魔法はないと感じています。

「ありがとう」という言葉は、家族のそれぞれの心に、余白をつくってくれます。

それは、言われたほうばかりでなく、口にしたあなたの心にもしっかりと余白をつくってくれるのです。

親への感謝は、子どもが言っているふりをして伝えると照れくさくない

夫婦間では、感謝の気持ちをお互い言いあうことが自然になった我が家ですが、じつをいうと私はまだ、両親に対しては素直に感謝の気持ちを伝えるのが苦手です。何十年もそんなことをしていないので、なんだか、いまさらな感じがして照れくさいと思ってしまうのです。

でも、息子が生まれてからというもの、毎朝、孫の様子を両親にメールで送ることが日課となり、その延長選上で新たな技を発見しました。それは、息子の写真と一緒に、あたかも息子が言っているかのように、ひらがなを多用して自分の気持ちをメールで送る、というテクニックです。

「じいじ、ばあば、けっこんきねんび、おめでとう。じいじばあばがけっこんしていなかったら、ぼくはうまれてなかったよ」
「じいじ、おたんじょうび、おめでとう。からだにきをつけてね」
「ままが、◯◯って、いってるよ」

こうして、自分の言葉を息子に託して、気持ちを伝えるようになってからは、息子の近況に乗っかって、さりげなく私から両親への感謝の気持ちを伝えられるようになりました。

ちょっと邪道かもしれませんが、こうして感謝の言葉を伝えられるようになったのは、私にとっては大きな進歩かもしれません。

両親と私との間には、これまですごしてきたいろいろな体験がぎっしり詰まっていたのですが、そこに、息子という余白ができたということなのかもしれませんね。そのまっさらな余白に、感謝の気持ちを乗せることができるようになったのだと感じています。

だんだん、息子をダシに使わなくても、いつか自然と感謝の言葉を口にできたらいいな、と思っています。

イライラカリカリの原因はすべて「余白」のなさ

先日、息子が生まれて初めて熱を出しました。発熱時には原稿の締め切り、セミナー講師の準備などがあり、どうしよう！と思ったのですが、夫の協力もあり、なんとか綱渡りで乗りきることができました。

そのとき思い知ったのは、「余裕がない」状態こそが人をイライラカリカリさせる原因だということです。パツパツに予定を詰め込んでいると、何か1つが狂うとすべてがどんどん狂います。でも、スキマを意図的につくっておくと、1つ狂ってもすべてがダメになるということはありません。

これは、子育てに限らずすべての状況にいえるのではないでしょうか。つまり、余裕がないからイライラすることになりますし、イライラしているから、いつまでたっても余裕ができないのです。「余裕」は「余白」と言い換えてもいいでしょう。

息子の発熱の洗礼を受けたあと、私はしばらく「3倍の法則」で意図的に余裕をマネジメントしようと決めました。時間がない！とあせるときこそあえて、「3倍」の基準でものごとを考えるのです。

たとえば……

◯原稿などの締め切りは、「自分締め切り日」を3日早く設定する。
◯待ち合わせは、以前の3倍の時間前に向かうようにする。
◯練習が必要なものは、以前の3倍量練習する。
◯ふだんよりも3倍、時間に余裕をもった予定を組む。

逆に、「3倍の法則」でもあふれてしまう仕事や家事は、どこかで効率化できないか、ムダな動きをしていないか？と精査するようになりました。おかげで、仕事量の見極め力と、短い時間でものごとを進める集中力が身についてきたような気がします。

余裕がないと、イライラカリカリのスパイラルに陥り、ますます余裕がなくなってしまいます。すると、うまくいくものも、いかなくなってしまいますよね。

まだまだ試行錯誤中ですが、余裕がないと思ったら「3倍の法則」を意識してみると、心理的にもラクになりますよ。「いまでもパツパツなのに、3倍なんて無理！」と思うかもしれませんが、結局は、この法則をあてはめたほうがラクなのだというのが、私の実感です。

朝時間がなかなか取れない人は「できたらいいな」をリスト化する

子育て中など、なかなか思うように時間が取れないなかでも、やっぱり自分の時間がほしい！という方は多いでしょう。夜、寝かしつけたあとに自分の時間をつくろう、そう思っても、子どもは「早く寝ろ」オーラにとても敏感。寝ろ〜寝ろ〜と思えば思うほど、寝かしつけに時間がかかってしまい、結局、時間がつくれなかった、とストレスになってしまうママも多いと思います。

そんな状況のときに、無理に早起きをしてもつらいだけです。寝不足なのに早起きをして、予定は立ててみたけれど総崩れとなっては、それがまたストレスになってしまいますよね。

これは子育てだけに限りません。予期せぬ残業など、早起きをしたくてもできない要因は、じつはたくさんあります。

そんなときにおすすめなのは、「朝、何がなんでもしなければならないリスト」をつくってがんばって起きる！――ことではありません。おすすめは、「できなくてもまぁ支障はないけど、できたらもっといいな」をリスト化するということ。

「しなければならないリスト」だと、できなかったときの落ち込みが心に重くのしかかってきて、朝から「失敗した」という気持ちにひきずられ、イライラカリカリしてしまいます。

だから、できなくても罪悪感が少なくて、できたらちょっとうれしいことを、1つずつリストアップするところからはじめてみるのです。

たとえば、こんなリストはいかがでしょうか？


◯ビタミンたっぷりのフルーツで目覚める。

◯ゆっくりシートパックをしてお肌プリプリ。

◯肩こりに効くストレッチをしてみる。

◯前の晩に買った美味しいチョコレートを1粒、ゆっくり味わう。

◯いつもお湯でとかすインスタントコーヒーを、ホットミルクでとかしてカフェオレにしてみる。


「ちょこっとうれしい」をリスト化して、「できた！」という達成感を積みあげてみましょう。こんなささやかなことも、余白の使い方です。

きっと朝が楽しくなってきますよ。

思いどおりにいかない朝は、プラン分けですべきことをリスト化しておく

子育てには予定どおりにいかないことが多くありますよね。また、かつての成功事例がそのまま通用しないのも子育て。これで寝かしつけられる！　あとは自分の時間だ！　という王道を見つけても、成長につれてまた王道が通じなくなり、試行錯誤がはじまります。

先にも述べてきましたが、現在生後9カ月になる息子は、体内時計ならぬ「胎内時計（？）」で母と時間を合わせていたせいか、毎朝4時ごろ目が覚めます。そこでミルクを飲めば朝7時くらいまでは寝てくれるので、私は朝4時～7時の間、ひとりの

時間をつくることができています。

でも、ときにはミルクを飲み終えたあとも、目をらんらんと輝かせて「遊ぼうよ〜」と動きだすことも。こうなったら最後、「寝ろ寝ろオーラ」で無理に寝かしつけようとしても、子どもセンサーはとても敏感なので、絶対に寝てくれません。そんなときでもストレスなく朝の時間をすごすコツは、「することリスト」の「プラン分け」をしておくことです。

子育てに限らないことですが、ストレスの原因の多くは「思いどおりにいかないこと」と、「決めたことができない」ことではないでしょうか。思いどおりにならないことにストレスがたまるのだから、思いどおりにいったときはこうする、いかない場合はこうすると、あらかじめプラン分けしておきましょう。

プランを分けて決めておけば、たとえ自分の時間がとれなくても、子どもと遊ぶという、「自分で決めたプランを実行している」と思い直せます。それだけでも、だいぶストレスは減りますよ。

私の場合は、次のような感じでプラン分けしています。

○朝4時からそのまま7時まで寝てくれた場合
↓化粧や家事などもすべて終わらせ、残りの時間で新聞を読んだり、執筆や1日のプランをシミュレーションする。

○起き出して遊ぼうとぐずった場合
↓そのまま息子とラブラブタイム。息子が寝はじめたら一緒に寝てしまうことも。

○ラブラブタイムから息子が寝た場合
↓化粧や家事を終わらせて息子の起床に備える。

プランを1つしか用意していないと「できた」「できなかった」の2択ですが、プランを3パターン準備しておけば、どれか1つは決めたことを達成できるので、気持ちも落ちつきますよ。

子育てママの時間術のキモは、余白の死守とコミュニケーションの工夫

前述したように私は公式サイトで、「時間美人®」をテーマに、小さいお子さんを育てながら働くママたちにインタビューを続けています。なぜなら、小さいお子さんをもつ働くママが、もっとも忙しい人たちだと思っているからです。

彼女たちの時間管理のコツは、そのまま、男性にも、子どもがいない人にも役立つのではと思っています。

子育てでは、日々優先順位が変わっていきます。そんななかで、その場その場でのとっさの判断の積み重ねが求められます。一瞬の判断で対応していくしかないので、毎日、頭のなかでパズルを組み立てるような感じですごすママも多いようです。

そんな「時間美人ママ」たちに教わった時間管理のポイントは２つ。

1 突然の出来事にあわてないよう、予備日、予備時間をつくって逆算する。

2 周囲に配慮した伝え方を考える。

先日インタビューしたＭさんは、家事も、夜９時以降にずれ込むときは「残業」と意識して、基本的に９時までになんとか終わらせるようにがんばるそうです。そうすることによって締め切り意識が生まれ、９時以降を自分の時間にできるようになったとのこと。

Mさんはコピーライターなので、ふだんの言葉の使い方もとっても上手。たとえば、産休明けに会った人には「1年休みました」というよりも「子育て留学してきました！」と言ったほうが、休んだという引け目を感じずに、相手の印象もよい、と教わりました。

言葉を変えるだけで自分の気持ちも変わりますよね。これもまた、余白がある人の発想だと思いました。やっぱり、気分よく1日をすごすために見ならっておきたいポイントです。

時短アイデアは「ふせん」を使って考えよう

早起きするには、まず、睡眠時間を確保しないといけませんよね。だから「時短」を心がけようとする方も多いことでしょう。私は常々、「時間管理とは『しない』を決めることだ」という話をしています。

「なんでも効率的に詰め込んで、あれもこれも要領よくやっていくこと」が時間管理と考えられがちですが、たとえ限られた時間であれもこれも一気にできるようになっても、それで自分の心が幸せじゃなかったら意味がありません。

だから、あれもこれもやる、のではなく、あれとこれは「しない」と決めることが、たいへん重要となってきます。とはいえ、欲張りたい気持ちもよくわかります。あれもこれも、が悪いわけでなく、あれもこれも、で全部中途半端になってしまうことが問題なのです。

そこで、中途半端にならずに楽しく時短するための「ふせん」ワークをご紹介します。準備するのは、色違いのふせんを1かたまりずつ。ふせんに、

1　朝の時間、夜の時間で、自分がいつもしているルーチン作業。

2　ホントはしたいと思っているのにできていないこと。

これを、違う色で、それぞれにかかる所要時間を入れてどんどん書いていきます。

ポイントは、「1ふせん＝1テーマ」をルールに、思いついたことをどんどん書いてしまうことです。

◎ルーチン作業の例

「朝食　20分」「お風呂　30分」「ブログを書く　30分」「ネットを見る　1時間」など。

◎ホントはしたいと思っているのにできていないことの例

「子どもと遊ぶ　30分」「仕事のシミュレーション　30分」「家族との食事　1時間」

「資格試験の勉強　1時間」「ゆっくりスキンケア　30分」など。


書き終えたら、いつもやっている作業と、ホントはしたいと思っているのにできていないことを、「同時に何かできないかな？」とまずは頭のなかでくっつけて、次に、実際にそのふせんをぺたぺた貼り替えながら考えてみるのです。

すると、「お風呂に入りながら子どもと遊ぶ」とか、「スキンケアパックをしながらブログを書く」といったように、「ふだんしていること」と「やりたいこと」をくっつける発想の訓練になりますよ！

2つのふせんがくっつけば、ふせん1つぶんだけスペースが空きますよね。それが、あなたのなかに新しく生まれた余白になるのです。

夏休みの宿題は、最初にやって遊んじゃうタイプのほうがいい

お子さんがいらっしゃる家庭では、毎年、夏休みになると宿題問題に悩む人も多いことでしょう。

私が仲よくさせてもらっているお坊さん、河村照円さんは、「阿弥陀院　夏休み（冬休み）☆朝道場」と称して、夏休みと冬休みの朝、お寺を開放しています。

そもそもの開催のきっかけは、小さいお子さんをおもちのお母さんからの、こんなお話だったそうです。

「うちの子は朝起きないのよ～」

「家にいると宿題をやらないのよ～」

「夏休み（冬休み）☆朝道場」では、朝イチにラジオ体操でリフレッシュしてから、子どもたちはお寺で夏休みの宿題をします。朝のうちにしっかり宿題を終わらせてしまえば、日中の時間はまるまる遊べるので、子どもたちも一生懸命に取り組むようになるそうです。

また、夏はひんやり、冬はあたたかい畳のうえで勉強すると集中できるし、お寺で開催することによって、履き物の脱ぎ方や正座の姿勢なども身につくと評判です。

これは、夏休みや冬休みの間だけではもったいない、有効なアイデアだと思います。たとえば、学校で早朝、自習室を開けてもらい、朝イチから勉強してみるのも手なのではないでしょうか。

大多数の子どもにとって、勉強はある意味苦痛をともなうものではありますが、嫌なことを最初にみんなで「えいや！」とすませてしまうと、きっと1日気持ちよくすごせるのではないかと思います。

なんとなくあとまわしにしがちなことを、朝思いきってやってしまって、残りの1日をスッキリすごすという考えは、子どもたちの勉強以外にも応用できそうですね。

成長は、時間差という「余白」をへてやってくる

息子が生まれてからというもの、毎日のように息子の写真を撮りまくっています。

毎日同じようなショットを何枚も撮るから、たぶん私たち家族以外の人が見たら「同じ表情ばっかり」だと思われるんだろうな、と思いつつも、夫婦そろってハイテンションで「かわいい、かわいい」と撮影を繰り返しています。

そうして撮った写真を、朝、仕事をはじめる前や移動中の電車でながめてはニヤニヤしています。時系列で見直すと、同じような写真でも、ちゃんと日々成長していて、表情も赤ちゃんから子どもに変わっているのがわかります。

日々成長する息子を見て感じるのは、早起きで積み重ねた成長と、子どもの成長は

似ているな、ということです。

赤ちゃんは、寝返りやはいはい、お座りなど、昨日まったくできなかったことが突然今日できるようになったりします。でも、その成長は決して突然ではなくて、それまでの積み重ねにより、筋力がちょっとずつついてきたからこそ、昨日できなかったことが今日はできるようになるのです。

早起きも一緒です。明日から早起きをしよう！と決めて、1日早起きに成功したからといって、何かが劇的に変わるわけではありません。でも、毎日の鍛錬は、必ず少しずつでも力になっているのです。

毎日毎日30分でもいいので意識して朝の余白をつくり、やわらかな思考を積み重ねていけば、1年後には180時間もの経験が積みあがります。自分が前に進んでいる感覚がいまいちつかめなくても、思いどおりにいかない日があったとしても、それでもちゃんと、進歩はしている。そう思ったら、早起きがさらに楽しいものに変わっていくのではないでしょうか。

「残業しても17時」の世の中をつくりたい

第一子出産と期せずして同じタイミングで、企業の朝型勤務を支援する「株式会社朝6時」を創業しました。個人と法人を同時に産む、という状況のなかで、私は自然と「時間密度」を意識するようになりました。

この歳になると、なかなか「生まれて初めて」の経験はないものです。でもいまは、子どもが産まれたおかげで毎日が「生まれて初めて」であふれています。成長するよろこびの「生まれて初めて」はとても幸せなものですが、ときには、時間にかんする難しい課題として「生まれて初めて」が降りかかってくることもあります。

先日は、息子の初めての発熱がおさまりほっとしたのもつかの間、今度は息子と夫が同時に風邪をひき、そんなときに限ってたいせつな仕事の締め切りが2つ重なっていました。

それまでは、原稿を書くのは机のうえで、パソコンを広げてやらなければ集中できない、という思い込みがありました。しかし、パソコンを広げている場所や時間はなく、電車の移動中にスマホでアイデアをメモしたり、夜中の授乳中にひらめいたアイデアを自分にメールで送って朝まとめたり、といった、綱渡りで執筆を進める方法をあみだしました。

□限られた時間で、最大限の効果を得るにはどうしたらいいか。
□自分の意志ではどうにもならない目標を、いかにして達成するか。

という課題に対して、机上の空論ではなく、実際に締め切りを突きつけられながら働く日々――そんななか、私が心から「よかったなあ」と思ったのは、もともと早起きを習慣にしていたことです。

早起きをしていたことで、「追い込み」ではなく「仕込み」がたいせつだ、ということを身体が覚えているため、突然のハプニングにも対応でき、かつ産後すぐの復帰でも、比較的スムーズに仕事を進めることができたのだと思います。

この章では、私の体験から、おもに家族や子育てにおける「余白」のつくり方を紹介してきましたが、これは何も、子育て中の方々に限った話ではありません。

長時間労働是正や、男性の育児への積極的な参加機運の高まり、介護離職者の増加などを背景に、働き方改革の議論でも、「時間の使い方」が議題にのぼっています。

私たちがいままで常識だと思っている働き方は、じつは高度経済成長期に生まれたものが多いのではないでしょうか。

モノやサービスを、たくさんつくればつくるほど売れていく時代は、とにかく何も考えずに馬車馬のように働き、人海戦術で大量に生産、販売していけばよかったため、長時間労働がそのまま売上げに直結していたかもしれません。

しかし、いまやモノやサービスに、付加価値をつけて提供する時代です。新しいアイデアや革新的な技術は、机の前でうんうんと長時間うなっていたり、身体だけを動かして数をこなしたりすることで生まれるとは限りません。

本書で提案した「余白」で脳にスペースを空け、広い視野からものを見ることが、ますますたいせつになってくるのです。

また、いま働き盛りで会社の主力を担っている世代も、近い将来、親をデイサービスにあずけていられる間しか働けない、そんな状況が現実になるかもしれません。嫌でも長時間労働との決別を迫られる環境になってきています。
定時に出社して、昼から夜まで同じような勤務形態を毎日続ける、そんな働き方が変わるということは、さまざまな、思いもしない新しい仕事や不測の事態が増えてくることにもつながるでしょう。

だからこそ、「突然のハプニングに対応できる余白」と「最後の追い込みより最初の仕込み」——これらをたいせつにして、余裕をもってものごとを進めていこうという本書の考えを、プライベートはもちろん、仕事でも活かすことができたなら——日本に本当の「働き方革命」が起きるくらいのインパクトとなるのではないか？　私はそう思うのです。

働き方が変われば、家族との時間が増えます。いままでは長時間働きすぎて疲れてしまい、家では帰って寝るだけの生活だった人も、家族との会話を増やす余裕が生まれます。家族との会話が増えれば、たとえば、子どものまっすぐな疑問から、ふと、新たな仕事へのヒントが見つかるかもしれません。

もちろん、長時間残業から解放されれば、早く寝ることができるので早起きもラクになることでしょう。

朝、周囲がまだ目覚めていない静謐（せいひつ）な空気のなか、おだやかに「余白」を楽しむ人が増えることを、心より願っています。

おわりに

この本は、「はじめに」でも述べたとおり、2011年度版よりプロデュースしている朝専用手帳『朝活手帳』に掲載された歴代のコラムをベースに、大幅に加筆修正をしたものです。

多くの方にとって、手帳は1年間のおつきあいです。1年間、毎日手元に置いてもらえることはうれしいことですが、大晦日をすぎたら、もう手にとってはもらえません。朝のすごし方や早起きのメリット、つらい朝の乗りきり方など、何年たっても色あせない、役立つ情報を入れようとコラムを書いてきた私にとって、過去の文章を手にとってもらえないことは、朝の楽しさまでもが埋もれてしまったかのように寂しいものでした。

そこで、過去のコラムをまとめ、いつでも気が向いたときに読んでいただける本を出版することとなり、プロジェクトがスタートしました。

執筆のために、歴代コラムをながめていて、浮かびあがってきた一貫したキーワードが「余白」でした。

キーワードが「余白」だったことに、じつは、私は驚きました。というのも、私自身、朝の時間に、がんばって、ツメツメで、精いっぱいスキルアップして、前に進んできた――そう思っていたからです。

しかし、私が繰り返し伝えてきたメッセージは、ツメツメとは真逆の「余白」だったのです。

雑念に気を取られ、本来すべきことに集中できない状態になったり、すでに起こってしまった出来事に感情的な意味を与えて、勝手に落ち込んだり怒ったりする気持ちを、朝の時間でなだらかに整え、おだやかに1日をスタートさせるために、私はずっと朝を活用していたのです。

この事実に気づくことができたのも、長年書きためたコラムを熟成させ、俯瞰してながめるという「余白」をつくったおかげです。

朝の余白は、心のよどみを取り去る時間です。あふれる情報を流れ込むままに「あれもこれも」と受け入れるのを、朝だけはやめてみませんか？

静かに取捨選択していき、あなた本来の希望や想いを見つけていきましょう。よどみが取り除かれたあとの、まっさらな心と身体には、きっと新しい経験やよろこびがぐんぐん入っていくことでしょう。それらがまた熟成され、あなたのなかで、新たな活力や創造力へと変化をとげていくことを、楽しみにしています。

この本が、あなたの未来のためにお役に立つことができたなら、これほどうれしいことはありません。

２０１６年11月　池田千恵

なお、あなたなりの「朝の余白」のつくり方、楽しみ方を、ぜひ、ハッシュタグ ＃朝余白 を使い、ＳＮＳでお知らせください。みんなで新しい朝の楽しみ方をシェアしていきましょう！

朝の余白で人生を変える

発行日　2016年11月25日　第1刷

Author　池田千恵

Illustrator　ウエオカ エミ

Book Designer　漆原悠一（tento）

Publication　株式会社ディスカヴァー・トゥエンティワン
〒102-0093 東京都千代田区平河町2-16-1 平河町森タワー11F
TEL：03-3237-8321（代表）／FAX：03-3237-8323
http://www.d21.co.jp

Publisher　干場弓子

Editor　林秀樹

Marketing Group
Staff　小田孝文　井筒浩　千葉潤子　飯田智樹　佐藤昌幸　谷口奈緒美　西川なつか　古矢薫　原大士　蛯原昇　安永智洋　鍋田匠伴　榊原僚　佐竹祐哉　廣内悠理　梅本翔太　奥田千晶　田中姫菜　橋本莉奈　川島理　渡辺基志　庄司知世　谷中卓

Assistant
Staff　俵敬子　町田加奈子　丸山香織　小林里美　井澤徳子　藤井多穂子　藤井かおり　葛目美枝子　伊藤香　常徳すみ　鈴木洋子　片桐麻季　板野千広　山浦和　住田智佳子　竹内暁子　内山典子

Productive Group
Staff　藤田浩芳　千葉正幸　原典宏　三谷祐一　石橋和佳　大山聡子　大竹朝子　堀部直人　井上慎平　林拓馬　塔下太朗　松石悠　木下智尋

E-Business Group
Staff　松原史与志　中澤泰宏　中村郁子　伊東佑真　牧野類　伊藤光太郎

Global & Public Relations Group
Staff　郭迪　田中亜紀　杉田彰子　倉田華　鄧佩妍　李瑋玲　イエン・サムハマ

Operations & Accounting Group
Staff　山中麻吏　吉澤道子　小関勝則　池田望　福永友紀

Proofreader&DTP　株式会社T&K

Printing　日経印刷株式会社

ISBN978-4-7993-2000-6